Journal de terrain pénitentiaire

Collection Controverses
dirigée par Robert Cario

Les *Controverses* rassemblent de courts essais sur des questions majeures de la connaissance scientifique dans le champ criminologique. En pointant leurs contradictions, (re)découvertes et zones d'ombre, les réflexions participent à une meilleure compréhension de la complexité des conduites humaines.
Quatre séries complètent la Collection : *Traité de sciences criminelles ; Criminologie*, *Sciences criminelles* et *Champ pénitentiaire*.

Derniers ouvrages parus

R. Cario (Dir.), *Les rencontres détenus-Victimes : l'humanité retrouvée*
F. Rognon, Brice Deymié, *Punir, restaurer, guérir*
I. Dréan-Rivette, *Des sentences et des peines*
C. Dessaigne, *L'intégration de la justice restaurative dans le droit pénal français*
J. Gagneur, *La Justice restaurative au bénéfice des mineurs*
O. Chevrier, *Adolescents et délinquants*

TRAITÉ DE SCIENCES CRIMINELLES
2.1. R. Cario, *Victimologie. De l'effraction du lien intersubjectif à la restauration sociale* (4e éd. 2012)
2.2. R. Cario, Sylvie Ruiz-Vera, *Droit(s) des victimes. De l'oubli à la reconnaissance* (2015)
8. R. Cario, *Justice restaurative. Principes et promesses* (3e éd. 2023)

CRIMINOLOGIE
J. Motte dit Falisse, F. Ludwiczak (Dir.), *Du sens de la peine*
C. Trotter, *Le suivi des usagers involontaires*
S. Charbonneau, C. Rossi, *La médiation relationnelle*

SCIENCES CRIMINELLES
Y-C Quéro, *La gouvernance nodale du réseau de sécurité locale*
N.Y. Doumbia, *Le maintien de l'ordre en Côte d'Ivoire*
V. Koum Disake, *Le mémoricide*

Antoinette Chauvenet

Journal de terrain pénitentiaire

Préface de Cécile Rambourg

L'Harmattan

De la même auteure

P. Achard, A. Chauvenet et alii.,
Discours biologique et ordre social,
Seuil, 1977.

Médecines au choix, médecine de classe,
PUF, « Politique », 1978.

La protection de l'enfance. Une pratique ambiguë,
L'Harmattan, « Logiques sociales », 1992.

A. Chauvenet, F. Orlic, G. Benguigui,
Le monde des surveillants de prison,
PUF, « Sociologies », 1994.

A. Chauvenet, V. Despret, J.-M. Lemaire,
Clinique de la reconstruction.
Une expérience avec des réfugiés en ex-Yougoslavie,
L'Harmattan, « Santé, société et culture », 1996.

A. Chauvenet, C. Rostaing, F. Orlic,
La violence carcérale en question,
PUF, « Le lien social », 2008.

A. Chauvenet, C. Rambourg,
De quelques observations sur la mise en œuvre
des règles pénitentiaires européennes,
ENAP, 2009.

A. Chauvenet, Y. Guillaud, F. Leclere, M.-P. Mackiewicz, *École, famille Cité. Pour une coéducation démocratique*, Presses Universitaires de Rennes, « Le sens social », 2014.

A. Chauvenet, avec F. Cherfi et M.-C. Michaud,
La promotion des droits humains en Algérie,
L'Harmattan, « Histoire et Perspectives Méditerranéennes », 2017.

5-7, rue de l'Ecole-Polytechnique, 75005 Paris
http://www.editions-harmattan.fr
ISBN : 978-2-14-034662-0
EAN : 9782140346620

« En prison tout le monde se déshumanise »
Premier surveillant

Préface

Le jeudi 7 septembre 1989, Antoinette Chauvenet endosse l'uniforme pénitentiaire pour effectuer un stage de surveillante dans une maison d'arrêt pour femmes (MAF) de la région parisienne. Cette expérience tout à fait singulière et inédite a pour vocation de préparer le terrain d'une recherche à venir sur le métier de surveillant pénitentiaire. Cette recherche qui sera publiée en 1994 sous le beau titre du *Monde des surveillants de prison* fera date dans les univers académique et professionnel. Mais pour l'heure rien n'est encore engagé et tout reste encore à écrire. La recherche n'a pas commencé et la prison continue d'être un objet honni des sciences sociales en France. Un objet sale.

Comme convenu avec les autorités pénitentiaires, la sociologue restera à la MAF un mois. Un long mois au cours duquel elle fera fonction de surveillante. Un long mois au cours duquel elle tiendra un *journal de terrain pénitentiaire*. Pour ne pas flancher sans doute. Et pour rendre compte de ce que les êtres vivent et font derrière les murs, les portes et les multiples grilles qui nous séparent de la prison. C'est ce *journal* que nous tenons entre nos mains aujourd'hui.

À elle seule, cette démarche en dit déjà beaucoup. Antoinette Chauvenet n'est pas une sociologue qui regarde le monde social d'en haut et la prison de loin. Elle y entre, elle y plonge, elle s'y frotte. Elle s'y cogne aussi, parce que la prison c'est du réel qui percute et qui abîme.

Le corps prend cher, le moral aussi. On le comprend à chaque page de son *Journal*. Elle est éprouvée. Mais la nécessité de relater son expérience et son vécu dépasse de loin le seul souci de soi. Antoinette Chauvenet est engagée. En articulant la sociologie à la philosophie politique, elle nous décille les yeux et nous aide à regarder ce lieu de relégation et d'abandon. Cet axe d'analyse sera la patte d'Antoinette Chauvenet dans tous les écrits qui suivront ce stage originel. Ce qui est frappant est que cette patte est déjà dans ce *Journal de terrain*, comme y apparaît aussi déjà la grande sensibilité de son approche. Non seulement Antoinette Chauvenet est capable d'appréhender la prison à partir de ses fondements politiques, mais elle parvient à enchâsser l'objectivation et la sensibilité, on peut même dire l'humanité. Ce sera d'ailleurs toujours vrai, dans chacun de ses travaux ultérieurs. C'est déjà criant dans la manière de rédiger ce *journal de terrain* où elle fait une grande place à la parole de celles et ceux qu'on n'entend jamais ou si peu. Sans jugement. Avec le souci de les entendre vraiment et la finesse de les comprendre à partir d'où ils parlent sans jamais tomber dans les écueils de la sociologisation, l'essentialisation ou le culturalisme. Là encore, on reconnaît la patte de Chauvenet : ne pas céder sur la complexité du réel, ne jamais succomber à la simplification tout en tenant une écriture modeste et fine.

Ainsi, malgré la fatigue et la déprime devant tant de misères oubliées, malgré le stress et la panique devant des tâches multiples, essentielles et ingrates, malgré la colère face à l'injustice et la répression, Antoinette Chauvenet ne perd ni l'humanité de son regard ni l'acuité de son œil.

Au fond, ce qui est saisissant lorsque, trente ans après sa rédaction, on découvre ce *journal de terrain pénitentiaire* est qu'il porte dès là ce qui fera la singularité et la puissance de l'œuvre de Antoinette Chauvenet, et qu'il contient en germes tous (ou presque) les grands thèmes qui la composeront : la question de la peine en démocratie, celle de la prison comme dispositif guerrier de nature défensive, le rapport socio-politique au détenu, l'imaginaire du crime et la peur au fondement de la justice pénale et de l'ensemble de l'organisation carcérale, les effets paradoxaux de la sécurité, la structuration antagonique des rapports sociaux, la dialectique des normes… et aussi – peut-être surtout – les effets sur les individus, ce que tout cela leur fait, et ce que tout cela leur fait faire.

On comprend alors en quoi et pourquoi ce *journal de terrain* (qu'Antoinette Chauvenet, non sans malice, appelle *cette vieillerie*) est si émouvant et important. Parce qu'il nous donne accès à un vécu qui sera fondateur de l'œuvre à venir – une œuvre qui compte et fait repère – et parce que ce *journal* nous fait entrer dans une forme d'intimité qui devient universelle, celle qui relève de la nécessité : donner la parole à ceux qui ne l'ont pas, montrer ce que l'on tient dans l'oubli, regarder le monde social tel qu'il est. Et obliger, avec gentillesse mais fermeté, la société à se questionner sur elle-même.

Pour toutes ces raisons, et bien d'autres encore, nous avons beaucoup de chance qu'Antoinette Chauvenet non seulement ait redécouvert (presque par hasard) *cette vieillerie* mais surtout qu'elle nous en fasse cadeau aujourd'hui. Cette générosité est aussi indéniablement sa marque.

Cécile Rambourg
Énap/CIRAP

Introduction

Le texte qui suit est un journal tenu au jour le jour dans une Maison d'arrêt pour femmes (MAF) de la région parisienne, à l'occasion d'un stage d'élève surveillante d'une durée d'un mois. Ce stage précédait une recherche en sociologie du travail sur le métier de surveillant, effectuée avec Françoise Orlic et Georges Benguigui. Il s'agissait alors de la première recherche sociologique effectuée dans les murs d'une prison. Il nous avait été signalé qu'il serait très difficile d'obtenir les autorisations nécessaires à cette fin. Aussi ce stage, si nous ne pouvions entrer en détention, nous permettait du moins d'effectuer trois mois (un mois chacun) de terrain intensif qui faciliterait la préparation de la suite de la recherche menée en extérieur. J'espérais aussi que ce stage faciliterait nos rencontres avec les syndicats nationaux et locaux auxquels nous voulions présenter la recherche, son objet et ses méthodes, escomptant que l'accueil qui nous serait fait dans les cinq établissements pénitentiaires choisis rencontrerait moins d'obstacles. Les autorisations reçues facilement, puisqu'il s'agissait d'un contrat passé avec le Groupe d'Intérêt Public du Ministère de la Justice, l'entrée dans ces établissements n'a, en effet, pas rencontré d'obstacles. Elle a plutôt suscité de la bienveillance, de la curiosité et surtout des attentes.

Le stage a été effectué pour F. Orlic et moi-même dans le même établissement, la moitié du temps en doublure, l'autre, pour l'essentiel, comme responsables d'un étage (être en doublure signifie suivre une surveillante pendant toute la durée de son service en l'observant travailler et en la secondant de plus en plus au fil des jours). Notre collègue G. Benguigui, lui, a effectué tout son stage en tant que doublure dans une maison d'arrêt pour hommes.

Ce journal écrit sur un cahier dont je ne me séparais pas, a été rédigé en bus, en train, en revenant de la prison, lors des pauses du déjeuner, sur un coin de banc dans la rue, en attendant un bus ou quelqu'un, le jour, la nuit, à chaque moment libre quand l'extrême fatigue et le manque de sommeil ne l'interdisaient pas.

Le stage a eu lieu à l'automne 1990, c'est-à-dire il y a plus de vingt ans. On peut alors se demander quel sens il y a à ressortir cette vieillerie, alors que nous avons ultérieurement publié deux livres, des articles, et des études plus succinctes et qu'en outre, surtout, il y a eu depuis de multiples changements dans les prisons. (Pour résumer, ces changements suivent deux tendances générales, d'une part plus de droit en prison pour les détenus et une judiciarisation affirmée des contentieux internes, d'autre part beaucoup plus de mesures de sécurité avec, pour conséquence, des régimes de plus en plus différenciés qui limitent d'autant la maigre liberté de mouvement dont pouvaient disposer les détenus, en particulier dans les centres de détention). Tout ceci s'inscrivant dans un nombre croissant de personnes écrouées, lequel, amorcé dans les années soixante-dix, n'a fait que croître continument depuis.

Il me semble que l'intérêt de ce journal, au regard des écrits ultérieurs, réside dans l'expression du vécu de ces journées, de l'apprentissage de ce qu'on peut faire et surtout ne pas faire, en tant que surveillant, en raison non seulement du rythme du travail, mais de la nature des tâches, de la priorité accordée à la sécurité et de la coopération – sinon de la solidarité nécessaire entre les surveillantes de la même équipe.

Il m'arrivera, en relisant ce journal, de constater que j'emploie moi-même parfois des termes dépréciateurs que j'entendrai plus tard de la part des surveillants qui me parleront de leur face à face avec les détenus, de leur état d'esprit, dans le regard qu'il implique vis-à-vis de ces derniers ou de leur propre rôle. Je l'avais oublié. Ce journal illustre donc *comment on devient surveillant.*

Si j'ai oublié et n'ai pas utilisé ce journal par la suite, il a pourtant nécessairement eu un impact important sur la réflexion qui a accompagné la recherche, d'autant plus important d'ailleurs que l'oubli ne faisait que masquer l'expérience d'où la pensée était issue. Comme l'écrit Hannah Arendt : « La pensée naît de l'expérience des événements de notre vie et doit leur demeurer liée » (*La crise de la culture*, 1972).

1

Jeudi 7 septembre 1989

Cette énorme angoisse qui m'étreint avant de commencer : le poids des fantasmes qui pèsent sur les prisons. Angoisse à laquelle nous ont préparé, ou dans laquelle nous ont entretenues les gradés formateurs rencontrés à l'ENAP (École nationale de l'Administration pénitentiaire) les jours précédents. Ils ont exprimé collectivement, pleins d'angoisse, dès les premières heures de nos rencontres, leur hantise de retourner travailler en détention, ce qui peut leur tomber dessus à tout instant, disent-ils.

Le premier contact avec la réalité est un soulagement. Pourtant me frappe le rapport pervers qui m'apparaît définir les relations entre surveillantes et détenues, comme entre surveillantes et leur hiérarchie, redoublé tout au long de celle-ci.

La prison m'apparaît immédiatement comme le lieu de projections communes très ancrées, de fantasmes puissants de violences projetés sur les détenus, tout comme sur les pénitentiaires. L'imaginaire de la violence dans les murs, alimenté par les multiples fictions, reproduit les fantasmes sur la délinquance, lesquels fantasmes organisent formellement la prison et sont largement à l'origine des violences effectives qui peuvent avoir lieu en ses murs. Si on veut changer quelque chose, il faut intervenir sur cet imaginaire qui participe de l'objectif du système pénal de la dissuasion. C'est aussi le poids important des syndicats. Ils représentent la défense, l'auto-défense d'un groupe social placé du côté de l'ordre, mais particulièrement déprécié, considéré comme inculte et chargé de tous les vices.

Dans ces conditions, l'analyse du travail des surveillants – organisation, division du travail, tâches, système hiérarchique, carrière, relations de travail, relations avec les détenus… – devra être couplée, à tous les niveaux, avec le poids de cet imaginaire social pesant tant sur les délinquants et criminels que sur les représentations sociales sur la prison et ses employés, bien intégrées en interne par ses protagonistes.

Tout ceci est néanmoins relativisé par le contact avec la réalité. Par exemple cette jeune surveillante stagiaire de 20 ans, que je suis en doublure, qui me dit : « Pour moi c'est simple, si je respecte la détenue, elle me respecte. Je laisse passer la mauvaise humeur. C'est une autorité respectueuse. Je la laisse faire jusqu'à un certain point, pas l'insulte. » Elle me dit regretter la centrale de Rennes où elle a fait son stage précédent : « On avait beaucoup plus de contacts qu'ici, parce qu'elles sont en groupe l'après-midi. J'étais avec le groupe l'après-midi. Ici pourtant, il n'y a pas de surencombrement, il y a beaucoup de personnel vu le nombre des détenues. Elles ont des occasions de parler. Elles pourraient le faire plus, vu la durée de la promenade qui peut être longue. »

Les surveillantes passent un temps de travail considérable consacré à la sécurité, qui me paraît complètement disproportionné. Tous ces tours de clef, pour ouvrir, puis refermer les portes des cellules à chaque entrée et sortie d'une détenue, au bout de deux heures de présence seulement, me paraissent complètement fous. De quoi se défend-on ? Sinon d'une représentation sociale du délinquant en général sans rapport avec la réalité de chacun et de son délit particulier. Je noterai d'ailleurs, ce soir en partant, que sur l'ensemble des portes des cellules munies chacune de deux verrous utilisés la nuit, il n'y a pas une seule porte dont les deux verrous fonctionnent et le verrou qui reste ferme mal. Et lors de chaque sondage des barreaux, ceux-ci se descellent un peu plus sous l'effet d'un ébranlement quotidien...

On verra plus loin que le sondage des barreaux est emblématique de l'ensemble de la politique sécuritaire de l'Administration pénitentiaire.

En outre, il n'y a pas eu d'évasion depuis l'ouverture de la MAF et les évasions depuis les prisons pour femmes sont rarissimes. Qu'est-ce qu'on risquerait à laisser ouvertes les portes d'un étage après l'autre, par exemple, ou un jour sur deux, ou plus ? La vie sociale n'en serait que plus détendue et le personnel pourrait consacrer plus de temps aux détenues.

J'apprends par contre, dès ce premier jour, qu'il y a eu plusieurs suicides par pendaison, la hantise quotidienne des personnels pénitentiaires.

Après la rencontre avec la directrice de la MAF, la journée commence par une visite de la prison en compagnie de la surveillante-chef. Je vois d'abord passer une bonne sœur. Puis dans l'entrée, derrière la grande porte en métal à barreaux, un plancher juste lavé à grande eau. Le calme règne. L'éclairage est par le haut, par les verrières de cette immense nef à l'architecture de piscine ou de navire. La surveillante-chef se montre affable, une première surveillante vient nous saluer Françoise et moi en souriant, trois surveillantes en passant nous saluent.

La première chose que nous montre la surveillante chef, c'est comment ouvrir une porte afin de ne pas se trouver enfermée dans la cellule : pied contre la porte, pêne ouvert, la clef toujours dans la main. Si on oublie sa clef ou autre manquement, c'est une faute professionnelle sanctionnée. « C'est à vous de prendre votre responsabilité pour la clef et le jeton qui lui correspond. » La clef qui m'a été donnée a bien 20 cm de long et fonctionne mal. J'aurai vite des ampoules plein la main. Je l'utiliserai surtout lorsque je ne serai plus en doublure.

Domine ces premières heures un sentiment d'irréalité totale. L'important va être de dégonfler tous les fantasmes qui m'habitent, comme tout le monde.

Actuellement la MAF est divisée en deux parties séparées par un semblant de palissade en raison de travaux. Il y a un vacarme infernal dû aux marteaux piqueurs et aux scies électriques qui vrillent les oreilles, des tourbillons de poussière qui vous tombent dessus en passant devant cette palissade. Le côté où ont lieu les travaux a été vidé de ses détenues (ce qui explique que le ratio surveillantes/détenues soit particulièrement favorable aux surveillantes).

On compte aujourd'hui 94 détenues. Quarante-neuf d'entre elles sont « inoccupées ». Parmi les postes de travail proposés, on relève : un atelier informatique, un atelier qui fabrique des ressorts pour instruments médicaux, la construction de mobiles en cellule, le service général (ménage, ramassage des poubelles, charriot à eau chaude pour la toilette, charriot pour la distribution des repas… effectué par les « auxiliaires »).

Toutes les cellules des auxiliaires qui travaillent au service général sont regroupées au centre de la détention, au premier étage (il y a deux étages) au-dessus du poste de contrôle des « mouvements » (c'est-à-dire les déplacements divers des détenues).

Il y a aussi la scolarité, à ses différents niveaux et plusieurs formations, comme celle de coiffeuse.

Outre le sport, plusieurs activités sont proposées aux détenues : Théâtre, Arts plastiques, Atelier de peinture sur soie, Bibliothèque.

La MAF, dirigée par une sous-directrice, emploie 22 surveillantes, dont une monitrice de sport, 6 premièr(e)s surveillant(e)s. Les deux premiers surveillants hommes sont affectés prioritairement à la sécurité périmétrique.

Elle emploie également une surveillante-chef et une surveillante adjointe de la surveillante-chef qui travaille aux heures de bureau. Les horaires de travail obéissent à un rythme des trois huit.

Nous visitons ensuite les parloirs familles. Il sont composés de sept box. Les détenues à l'entrée ont le poignet tamponné à l'encre sympathique et subissent une fouille par palpation. À la sortie c'est une fouille à corps. « S'il existe un doute sérieux, pour aller voir de plus près, il faut une gynécologue. » – « On est bien obligé. On n'aime pas ça. Les détenues non plus. Elles sont quelquefois récalcitrantes », nous dit une surveillante.

Après la pause du déjeuner, nous revenons en détention. À notre arrivée, une détenue qui doit partir en extraction chez le juge d'instruction, refuse d'y aller. Elle a exprimé son refus par écrit. Un gendarme présent téléphone au juge d'instruction pour expliquer qu'elle n'est pas en état physique pour s'y rendre. La surveillante-chef n'est pas contente. Une surveillante luit dit que l'infirmière a considéré qu'elle n'était pas en état de se déplacer.

Mais elle a refusé d'y aller ! rétorque la chef qui ajoute : « Et ça ne suffit pas ; il faut faire venir l'interne en psychiatrie qui ne viendra pas avant longtemps ».

Pendant ce temps le gendarme décrit patiemment la situation au téléphone. À côté de lui un autre gendarme commente : « Moi, un juge voulait que j'amène un type qui ne pouvait pas se déplacer ; il fallait une civière. « Vous n'avez qu'à le porter », m'a répondu le juge… » Un troisième gendarme raconte : « Un juge m'a dit vous m'amenez untel par la force. Je ne suis pas si fou. Vous me faites un écrit, je lui ai dit. Cet… me l'a fait. Quand j'ai vu le gars, je lui ai dit : « voilà, ou tu viens par force, ou bien tu es d'accord et tu viens gentiment. Sinon je suis obligé de t'emmener vraiment par la force ». On peut contester l'ordre dans sa tête. Il était d'accord : il est venu par la force de son plein gré ! »

Nous allons au quartier des isolées. Une détenue fait l'objet d'égards particuliers : c'est une surveillante. « Elles vont à ce quartier à la demande du juge, ou lorsqu'elles ont des poux, ou une maladie contagieuse, ou pour se calmer ».

À côté est situé le mitard : « On s'en sert peu », me dit une surveillante. Une autre, un instant plus tard, nous dira : « Moi, je fais peu de rapports sur les détenues, d'autres en font plus. »

Au retour de la visite dans le bureau de la directrice, celle-ci et la surveillante chef nous disent : « Maintenant on ne vous connaît que comme élèves-surveillantes ».

Toutes deux souhaitent que nous nous présentions comme surveillantes stagiaires. Mais, à une première surveillante qui nous demande à quel titre nous faisons ce stage, je réponds que c'est dans le cadre d'une recherche menée au CNRS sur le métier de surveillant.

« Je ne suis pas étonnée, j'ai vu passer le courrier de la Chancellerie, annonçant votre recherche », dit-elle.

« On se demandait entre nous si vous faisiez un stage de sous-directrice », dit aussi une des surveillantes présentes, qui semble satisfaite que ce soit au titre d'élève-surveillante.

Dans ces lieux, il vaut mieux être très clair sur son identité et sur ce qu'on fait, parce que tout se sait et que les rumeurs vont bon train.

2

Premier jour de travail

Aujourd'hui c'est notre premier jour de travail. Nous avons revêtu notre uniforme. Il est prévu que nous passerons les deux premières semaines en « doublure ». Les deux suivantes nous serons Françoise et moi responsables d'un étage, elle au premier, moi au second.

Nous sommes du matin et de l'après-midi. Lever à 4 heures pour être présente en uniforme à 6 heures 45, à l'appel.

À notre arrivée sont réunis, devant l'entrée de la MAF, des représentants des principales institutions chargées du maintien de l'ordre social : des gendarmes et leur camion, une estafette de l'hôpital psychiatrique, un psychiatre, un infirmier psychiatrique, des surveillants et la surveillante-chef. Vient d'être amenée en détention une femme d'une quarantaine d'années dont nous apprendrons un peu plus tard qu'elle a tué son enfant à coups de hache de retour chez elle, en sortant d'un séjour en hôpital psychiatrique. Le juge a estimé qu'elle pouvait purger sa peine en détention. « Elle n'a pas sa place ici », « Elle est malade physiquement »,

« Elle est malade sur le plan psychiatrique », entend-on de tous côtés.

Quelques minutes plus tard, nous la voyons descendre l'escalier réservé aux détenues, soutenue par deux surveillantes. Elle est échevelée, hagarde, sale et tremble de tout son corps. Elle est dirigée vers l'hôpital, où elle a un rendez-vous en cardiologie. Dans la salle des mouvements des commentaires fusent :

« Je n'aimerais pas me trouver seule avec elle dans l'ascenseur. » « Mais elle ne peut avoir de couteau sur elle, elle a été fouillée, elle ne peut rien avoir sur elle ! »

Tout cela est très déprimant.

Ce matin à 7 h 30 a lieu une extraction (une sortie de la prison pour différents motifs). La détenue ne sera pas encore rentrée à la fin de mon service.

La salle des mouvements est dirigée par une surveillante. Elle est placée à côté du bureau des premières surveillantes. Elle règle tous les mouvements : il ne peut y avoir qu'un seul mouvement à la fois. On « boucle » toute activité lors des mouvements de promenade, lors des déplacements des détenues à l'isolement. C'est un lieu « stratégique ». Certaines surveillantes n'y sont jamais affectées « parce que si c'est mal fait, c'est la pagaille générale. »

À l'étage, la surveillante que je suis en doublure m'explique qu'on doit savoir à tout instant et pouvoir dire où est chacune des détenues. Chaque sortie de cellule fait l'objet d'une inscription sur le cahier de mouvement avec l'heure de sortie, son motif, la rentrée avec l'heure, à cinq minutes près.

Les motifs sont multiples : visites de l'assistante sociale, de l'éducateur, du psychiatre, du médecin, de l'infirmière, ateliers, promenades, sport, douche, parloir avocat, parloir familles, "association Faire", changements de cellule, attentes en salle d'attente pour les divers rendez-vous, audiences de la surveillante-chef ou autres…

Le réveil des détenues a lieu à 7 heures au « klaxon ». On note sur le cahier de l'étage le nombre des détenues présentes, celui des détenues inoccupées, celles qui vont au travail, service général, ateliers… La vérification de l'effectif est également faite dans la salle des mouvements, signée par la surveillante et contresignée par la surveillante-chef.

Les surveillantes des étages doivent bien souvent crier au rez-de-chaussée leur effectif en raison du bruit des marteaux-piqueurs tandis que les coursives tremblent sur leur base une bonne partie de la journée. Ont lieu ensuite les douches – huit détenues à la fois – la distribution de l'eau chaude et des petits déjeuners. Certaines surveillantes laissent une latitude pour tout cela jusqu'à 8 heures 30.

J'entends souvent des surveillantes dire : « Elles ont déjà été jugées une fois, on n'a pas à les rejuger tous les jours », « Il faut éviter les tensions qui retombent sur les surveillantes », « Chacune à sa manière de faire ». Toutes les surveillantes rencontrées nous disent que les surveillantes méchantes n'ont que des ennuis avec les détenues.

Ce matin la surveillante que je suis est affable et pète-sec ; elle me parle équité et justice vis-à-vis des détenues. Une détenue a mis son drapeau pour l'appeler. Lors de son changement de cellule, la détenue qui l'occupait précédemment y a oublié son torchon. Elle-même « prétend » ne pas en avoir. (Les détenues en reçoivent à leur arrivée). La surveillante prévient la fille qui lui en a déjà parlé plusieurs fois de régler le problème avec sa codétenue en promenade : « Je vous fais un rapport si vous ne trouvez pas une solution entre vous », lui dit-elle. Puis elle en parle à la première surveillante qui monte à l'étage la voir en la prévenant de ce qu'elle vient de dire à la détenue.

La surveillante de l'étage mène tout tambour battant, mémorise toutes les entrées et sorties, enchaîne tous les mouvements au trot. Ce souci de perfection organisationnelle et de rapidité dans l'ordre des mouvements la conduit à être vache et à priver les détenues de leurs droits. Telle détenue qui ne se présente pas assez vite à la porte de sa cellule pour recevoir son eau chaude se voit claquer la porte au nez. La même chose se produira lors de la distribution du déjeuner pour une autre détenue...

Lors de la douche, en principe les détenues sont bouclées à l'intérieur. Une surveillante me dit qu'elle laisse la porte ouverte « parce qu'à huit dans cette étuve, sans aération, on risque de se trouver mal. C'est déjà arrivé ». Elle coince une serpillère dans la porte. Je lui demande ce qui se passerait si la surveillante-chef passe. « Je lui dirai que de toute façon je les surveille et qu'il n'y a pas de faute, puisque d'abord je suis à deux mètres ; elles sont sous mon regard. Ensuite je ne fais rien d'autre et il n'y a rien à faire d'autre. Et si j'étais appelée ailleurs ou s'il y avait un mouvement, je les bouclerais le temps du mouvement ou de mon absence. »

La surveillante que je suis en doublure l'après-midi est bien différente. Elle a beaucoup d'humour, qualité dont on me répètera plus tard qu'elle est nécessaire dans ce métier pour déjouer les tensions dans les relations surveillants/détenus et maintenir le calme en détention. Son arrivée à l'étage provoque une onde de contentement auprès des détenues présentes sur la coursive, et d'aise chez moi, qui diminue la timidité que je ressens face à elles. Elle paraît bien appréciée des détenues, ce que confirmeront les différents services pendant lesquels je la suivrai. Par sa bonne humeur et son humour, dans lequel elle entraîne les détenues qui rivalisent entre elles pour l'y suivre, elle crée un excellent climat à son étage et l'après-midi ne connaîtra aucun incident. Quelques détenues semblent l'aduler et tentent d'entrer dans une relation de séduction avec elle.

L'atmosphère de l'après-midi est bien différente de celle du matin, non seulement à mon étage, mais aussi au premier étage, en raison de la présence d'un premier surveillant qui a la cote auprès des détenues, d'un éducateur et d'une surveillante, elle aussi appréciée.

Les surveillantes autour de moi semblent d'accord entre elles pour évoquer l'équilibre nécessaire qu'elles doivent établir entre empathie et distance, avoir le contact avec les détenues sans se laisser séduire, sans se laisser bouffer, voire corrompre et chacune résout cet équilibre « à sa manière ».

Une détenue appelle la surveillante parce qu'elle vient de casser un verre et, la veille, un bol. Il faut faire un rapport. Comme un peu plus tôt la surveillante m'avait dit qu'elle ne faisait pas de rapport d'incident, sauf pour cause de bagarre, je lui demande pourquoi elle fait, maintenant, un rapport. « Il s'agit d'un rapport d'inventaire, pour le remplacement du matériel », me répond-elle en riant.

J'écoute pendant un quart d'heure le premier surveillant. Il a vingt ans de présence à la pénitentiaire, dont plusieurs années comme formateur, ce qui l'a amené à intervenir à ce titre dans plusieurs établissements. « J'ai été renvoyé à coups de pied au cul en détention. J'ai beaucoup de choses à dire ; je voudrais pouvoir parler ; on pourrait faire beaucoup d'améliorations. » Il insiste sur l'importance du contact avec les détenues, sur la nécessité de « traiter de la même façon les belles et les moches, les jeunes et les vieilles, les sympas et les pas sympas. » Il se dit atterré par la position des syndicats qui étaient auparavant bien plus soudés entre eux qu'ils ne sont aujourd'hui. Il me dit aussi qu'il y avait beaucoup plus de respect de part et d'autre entre surveillants et détenus. Il dit en outre que les surveillantes femmes sont méchantes entre elles, qu'elles n'ont pas assez de distance et que ça se passe beaucoup mieux chez les hommes.

L'éducateur vient aussi me voir. Il me raconte qu'il a fait un début de dépression au bout de quelque temps passé au quartier femmes dont la demande est beaucoup plus forte que chez les hommes. Il en rêvait la nuit. « C'est dur de prendre la distance qu'il faut. Notre présence est très importante. J'ai compris la différence qu'il y a entre les hommes et les femmes. Quand elles n'ont plus leur mari, c'est comme s'il leur manquait un bras. C'est sans doute différent dans un rapport entre éducatrice et détenue. Au quartier hommes, je vois huit détenus en une heure. Ici il me faut une heure et demie, deux heures, pour voir deux femmes. Leur anxiété vis-à-vis de leurs enfants, de leur compagnon est beaucoup plus grande, le manque est beaucoup plus important. »

Il insiste sur l'importance de la mixité des surveillants pour les détenus. Il évoque une expérience de la mixité au quartier hommes. Les surveillants hommes ont tellement résisté qu'au bout d'un certain temps, on a déplacé les surveillantes. Mais, depuis, ils regrettent leur présence. Avant, ici à la MAF il y avait cinq surveillants hommes. Il n'y en a plus que deux. Il raconte aussi qu'il a loupé de peu le concours de sous-directeur. Il a été auparavant, pendant cinq ans, surveillant. Il se demande s'il ne préfère pas demeurer éducateur, en raison de l'autonomie dont il jouit. Le sous-directeur est, lui, complètement coincé par le règlement, beaucoup plus que lui-même. Il a beaucoup moins d'autonomie, même s'il peut apporter des modifications au niveau des structures de la détention.

En principe les surveillantes doivent ignorer le motif des incarcérations. Mais j'apprends plus de détails dans la journée sur l'affaire de la veille. Il y a des secrets de polichinelle ; du moins la règle de l'ignorance semble limiter les dégâts quant à l'influence du motif de l'incarcération sur leur attitude vis-à-vis des détenues.

Je commence à reconnaître quelques noms et visages de détenues : visages souriants, des visages de femmes très fragiles et immatures, visages butés, visages de femmes pas encore désintoxiquées. Une population très hétérogène : jeunes françaises, semble-t-il de milieu aisé, femmes françaises plus âgées de milieu pauvre, nombreuses étrangères issues d'Afrique noire, d'Afrique du Nord, femmes malgaches, portugaises, brésiliennes, tous les âges, tous les milieux.

Je commence aussi à être apprivoisée par les auxiliaires du service général. Celles-ci travaillent sous les ordres et la surveillance des surveillantes et ont un rôle très important dans l'exécution des différentes tâches en détention. L'une d'entre elles me raconte que le plus dur pour elle, c'est la situation de son enfant handicapé qu'elle ne veut pas voir au parloir parce qu'à cette heure-là, il n'y a plus d'infirmière en détention et qu'elle a peur qu'il ait des crises. Dans ces conditions elle ne pourra le voir avant deux ans et se demande si elle pourra obtenir avant une remise de peine.

Complètement dépendante de l'organisation carcérale, la vie privée des détenues est en totalité entre les mains du personnel pénitentiaire. Le code de procédure pénale prévoit d'ailleurs que les détenus sont soumis à une surveillance constante de sa part : il y a la censure (supprimée depuis), le soir, de toutes les lettres reçues, excepté celles qui leur sont adressées par les « autorités », comme la sous-directrice, le Président de la République, les avocats, les juges… (des lettres rares pour ces deux dernières catégories d'autorité). Leurs lettres sont transmises aux détenues le jour même de leur arrivée, les autres le lendemain matin. Ces lettres sont donc lues par les surveillantes qui sont au courant de leur vie privée, se passent entre elles les lettres érotiques. Il y a aussi la surveillance des parloirs familles au cours desquels tous les propos échangés doivent être écoutés et les postures observées, il y a les rondes d'écoute la nuit, la surveillance par les œilletons, jour et nuit, les fouilles de cellule.

Il y a aussi la complète mainmise de leur corps par la prison : non seulement par les professions médicales et paramédicales, mais surtout par le personnel pénitentiaire avec les fouilles à corps. Lors des fouilles de cellules, les surveillantes doivent vérifier que les lettres qu'elles ont reçues ont bien été tamponnées. Une surveillante a renvoyé au service du mouvement une lettre décachetée non tamponnée pour qu'elle soit tamponnée, ne serait-ce que pour la protection de la détenue concernée : « Si on la trouve non tamponnée, il faudra rechercher comment elle est entrée dans la cellule. La détenue aura un rapport, alors que ça peut être la faute d'une surveillante ».

Cette nuit-là, les surveillantes présentes évoquent les avocats qui à 90 % ne viennent jamais voir leurs clientes, sauf celles qui les payent, et encore… Une détenue dont le père est médecin a deux avocats.

Elles discutent entre elles de la peur qu'elles peuvent avoir des détenues. L'une dit qu'elle n'aimerait pas se trouver seule dans l'ascenseur avec 13 détenues à la fois. Une autre pense que ça ne la gênerait pas plus que cela. Il faut dire qu'on leur apprend à l'ENAP, et on leur répète ensuite, jour après jour, que tous leurs actes doivent être effectués en tenant compte du risque d'agression envers elles, qu'il leur faut éviter que la tension monte et que l'ordre ne soit troublé. Lorsque, par exemple, l'auxiliaire du service général vide les poubelles des détenues avec son charriot sur lequel il y a une grande poubelle, elle place celle-ci devant la porte tandis que la surveillante tient la porte. Les surveillantes n'ont pas le droit d'ouvrir plus d'une porte de cellule à la fois ; elles peuvent en ouvrir trois si deux surveillantes sont présentes. En deux jours ma présence sert déjà à bloquer les portes.

Aujourd'hui, alors qu'il ne doit pas y avoir deux mouvements à la fois, la surveillante s'est dépêchée de finir de servir l'eau chaude à un bout de l'étage avec l'auxiliaire alors que les détenues rentrent de promenade à l'autre bout. Elle va très vite, mais continue sa tâche parce que les détenues sont accompagnées par la monitrice de sport qui les boucle en cellule l'une après l'autre et parce qu'elle est à l'extrême opposé de la coursive, ce qui ne l'empêche pas de jeter un œil sur ce qui s'y passe.

Dans l'après-midi, la surveillante-chef passe à l'étage et fait remarquer poliment que la fille du service général chargée de la bibliothèque n'a pas à se promener d'un étage à l'autre, d'une cellule à l'autre. Elle dit aussi que cette dernière n'a pas noté tous les livres qu'on lui a commandés. La surveillante de l'étage n'a pas l'air de se formaliser plus que cela de ce que sa chef vient de lui signifier.

3

Samedi après-midi

Les parloirs familles auront lieu jusqu'à 17 heures, 17 heures 30. En ce samedi, ni la sous-directrice, ni la surveillante-chef ne sont présentes. Aussi l'atmosphère est-elle plus libre et plus détendue. En outre ne sont présentes que des surveillantes détendues et souriantes. Le premier surveillant discute une bonne partie de l'après-midi avec Françoise. Il lui dit qu'il est fort impressionné par le fait que nous restions tout ce mois. Il nous donne à toutes les deux une clef. (nous utiliserons la clef qui nous a été donnée normalement quand nous serons responsables d'un étage). J'ai bien envie de l'essayer plusieurs fois tout de suite pour éviter que les détenues ne soient témoins de mon inexpérience.

La surveillante avec laquelle je suis au deuxième étage me laisse l'aider. L'après-midi passant, elle m'envoie seule, à l'autre bout de l'étage ouvrir et fermer les portes des cellules des détenues.

Je dois dire que j'ai peur que les détenues profitent de ma présence pour aller dans une autre cellule que la leur, parce que je ne sais pas encore associer un visage avec son nom et le numéro de sa cellule, mais elles vont toutes m'aider dans mon travail. Et je redoute tellement de commettre une bévue que j'en oublie d'être aimable. Deux d'entre elles me demandent si je peux passer pour l'une des cigarettes, pour l'autre un papier dans une autre cellule. La surveillante qui me voit faire me glisse à l'oreille : « tu es nouvelle, elles en profitent ! ». J'ai déjà entendu dire plusieurs fois par des surveillantes que les détenus testent les nouvelles de cette façon, les novices étant supposées être des « cœurs tendres ».

Une détenue ayant mis son drapeau, j'accompagne la surveillante dans sa cellule. Il s'agit de la femme qui a assassiné son enfant à coups de hache, Mme R. J'avoue qu'elle me fait peur : son regard est halluciné par les drogues que le psychiatre lui prescrit. Elle fait des signes de la main à la surveillante en lui faisant comprendre qu'elle a mal au ventre. Je suis partagée entre la peur et la pitié. J'essaye de rencontrer son regard. Je le rencontre dans sa démence, suivi de moments de lucidité. Je lui souris, elle perçoit mon sourire et reprend son regard fou. La surveillante me dit : « Regarde-la par l'œilleton, elle est vraiment bizarre ». Elle marche dans sa cellule, les bras tendus, la tête en arrière. On dirait un rituel. À quoi renvoie-t-il ? Que conjure-t-il ? Elle cohabite en cellule avec une jeune détenue. Je dis à la surveillante que je trouverais horrible d'être à sa place. – « Mais on la drogue tellement ! ». Elle ajoute qu'elle n'a pas sa place ici. Il y a plusieurs détenues dans sa situation. Et on les drogue.

Un peu plus tard je lui demande si elle sait quels délits ont commis les détenues. Elle me répond en le répétant qu'elle ne cherche pas à savoir et qu'on ne sait pas vraiment. Je comprends qu'en remarquant que cela doit être dur pour la jeune codétenue de cohabiter ainsi avec cette femme, j'ai déclenché un malaise chez elle. Pour tout arranger, je lui demande si elle n'en rêve pas la nuit. – « Au début oui, mais plus maintenant. » Elle me dit quelques instants plus tard : « J'ai mal à la tête ».

Ma peur de cette femme et le mal de tête que je viens de provoquer chez la surveillante illustrent bien la surdétermination de l'imaginaire du crime et la peur qui l'accompagne au fondement de la justice pénale et de l'ensemble de l'organisation carcérale.

Je comprends un peu tard que l'ignorance du délit est une protection, non seulement par souci d'équité dans les comportements, mais tout aussi bien, sinon plus, par rapport à la question des identifications possibles : Ne pas chercher à savoir est une protection mais, pourtant, savoir permet de savoir de quoi se protéger. Quoi qu'il en soit ce travail n'est supportable que si reste solide la barrière qui sépare ceux qui sont du côté de l'ordre et les criminels et délinquants, les bons et les méchants. Une autre façon de se protéger, sur le plan moral et psychique, c'est d'être correct avec les détenus, c'est-à-dire de ne pas être en situation de s'identifier à eux. Et jusqu'ici, à part la surveillante qui a refusé à une détenue son eau chaude, puis son repas, les surveillantes sont en effet correctes. En voici un exemple cet après-midi :

Une détenue est revenue du parloir en larmes parce qu'elle a appris que sa demande de transfert à la centrale de Rennes lui a été refusée. « Ça fait quinze jours que je vais mal. Je ne comprends pas pourquoi on me refuse mon transfert. J'avais déjà demandé mon transfert en Hollande (elle est hollandaise, condamnée à 70 mois de prison pour trafic de drogue, dont 18 effectués), ça a été refusé. Je devais partir à Rennes en août, ça m'a été refusé ; et encore un refus maintenant ». Elle montre la lettre à la surveillante :

« C'est l'assistante sociale qui écrit que le refus est motivé par le fait qu'il y a des travaux à Rennes », lui répond celle-ci qui ajoute : « Ce n'est pas vous qui êtes visée par la décision, il n'y a pas eu de transfert à Rennes en août. »

« Si, il y en a eu une qui est partie en août, alors pourquoi pas moi ? »

La surveillante lui répète qu'elle n'est pas visée, qu'elle-même était présente ici tout le mois d'août, qu'elle est sûre qu'il n'y a pas eu de transfert à Rennes ce mois-là et que le cas qu'elle évoque concerne une détenue qui a été transférée d'abord ailleurs qu'à Rennes. Elle n'a aucune raison de lui raconter des crasses et il lui faut être un peu patiente.

La détenue hausse un peu le ton : « De la patience, toujours de la patience, attendre, attendre, et j'ai encore beaucoup de mois à attendre ». La surveillante alors lui suggère d'écrire au juge pour reposer la question. Un peu plus tard elle vient la voir dans sa cellule et lui dit qu'elle peut compter sur sa codétenue portugaise pour l'aider.

« Oui, je ne demande pas mieux ; je l'écoute et je lui parle si elle le veut, je ne dis rien si elle ne veut pas », lui dit cette dernière. « Je sais que je vous ennuie avec mes problèmes, si c'est trop, je peux changer de cellule », lui répond la jeune hollandaise.

« Mais les problèmes on les a à tour de rôle et on s'aide à tour de rôle, c'est normal », dit la surveillante.

À la fin de la journée, celle-ci transmet au premier surveillant que la détenue est déprimée en lui en expliquant la raison. Le premier surveillant monte la voir cinq minutes plus tard dans sa cellule où il reste vingt bonnes minutes. Il lui demande si elle veut de l'opium pour pouvoir dormir cette nuit. Elle se fâche :

« Je ne veux pas qu'on me drogue ! »
« Je ne vous en propose pas pour vous droguer, je ne vous en propose pas pour le matin, c'est seulement pour ce soir, pour vous aider à dormir, que vous ne vous fatiguiez pas tout en empêchant votre codétenue de dormir ! »

Finalement on ne lui en donnera pas. Mais la consigne est passée pour le service de nuit de la surveiller. Il s'agit là d'une consigne de routine, mais aussi de la crainte du suicide. Trois réussis en deux ans, de multiples tentatives durant cette période arrêtées à temps, dont l'une *in extremis*. Il arrive parfois en effet qu'un regard, une attitude d'une détenue visualisée à l'œilleton incite une surveillante à faire un tour supplémentaire de coursive qui arrête à temps le geste fatal.

Les surveillantes suivent de près l'état mental des détenues, à la fois pour leur venir en aide, éviter les troubles et les suicides ainsi que les interrogatoires des gendarmes. Il n'y a pas, à cette époque, de soutien psychothérapeutique prévu pour les surveillantes confrontées à cet événement.

Je demande si elles signalent aux éducateurs, aux assistantes sociales ou aux psychiatres et infirmières les détenues qui vont mal. La réponse est négative. Ce sont des consignes entre elles et les gradé(e)s, « plus ou moins notées sur le cahier de consignes et le cahier d'observation. » À leur entrée en détention, les détenues sont vues systématiquement par le médecin généraliste, par la sous-directrice, la surveillante-chef, l'éducateur, l'assistante sociale. C'est le médecin généraliste qui demande les consultations en psychiatrie. Existe dans l'établissement une antenne toxicomanie. La même équipe travaille en psychiatrie et dans cette antenne. « C'est bien plus souvent l'infirmière psychiatrique qui vient que le psychiatre. »

Je m'inquiète de l'état d'une détenue qui a l'air fort dépressive et j'en parle à la surveillante. Celle-ci me dit que c'est l'éducateur, l'assistante sociale et la surveillante chef qui décident si elles doivent ou non voir un psychiatre. Toutefois elle demandera un peu plus tard à cette femme si elle souhaite voir l'éducateur.

Une détenue me demande si elle peut avoir un médicament, parce qu'elle a mal à la tête. La surveillante que je suis en doublure va la voir pour lui dire que l'infirmière n'étant pas là, on ne peut avoir des médicaments comme ça. « Mais je ne vous demande pas grand-chose ! » répond celle-ci. La surveillante m'envoie alors en demander au premier surveillant auquel je demande également un médicament pour Mme R qui a de nouveau mal au ventre. Celui-ci me donne alors du doliprane pour le mal de crâne. Pour le mal au ventre, il hésite, me disant qu'il ne va pas pouvoir trouver d'interne à cette heure-ci. Je vais porter le doliprane à celle qui le demande et qui me remercie avec soulagement. Une heure plus tard, le premier surveillant monte donner des médicaments pour Mme R.

Les questions de santé sont ainsi journellement présentes en détention, les surveillantes étant l'objet, à leur corps défendant, de multiples demandes, particulièrement lorsqu'il n'y a pas de soignants dans l'établissement, c'est-à-dire après leur départ et la nuit.

À l'époque où a eu lieu notre stage, après la distribution des repas a lieu la distribution par les surveillantes des « fioles », c'est-à-dire des bouteilles de médicaments destinés aux détenues. Chacune d'entre elles doit en avaler le continu en présence de la surveillante (afin d'en éviter le stockage en vue d'un suicide). Près de la moitié des détenues prennent des médicaments matin et soir dont, bien souvent, des tranquillisants.

Lors de notre passage dans la cellule de Mme R., celle-ci est allongée sur son lit. C'est sa jeune codétenue qui lui fait avaler le contenu de sa fiole avec une petite cuiller. Image poignante. Celle-ci est assise au pied de son lit, la tient comme un bébé, lui lève doucement la tête et lui met la cuiller dans la bouche. La cellule pue. Elle ne s'est pas lavée visiblement depuis un temps fou. Je me sens très honteuse, devant ce dévouement, d'avoir eu peur d'elle et d'avoir été bien traversée par l'imaginaire du crime commis et frappée de répulsion, en la rencontrant à plusieurs reprises.

Une amie à qui je raconte mes réactions n'entend pas que je n'aie pu prendre plus de recul devant cette situation. Je comprends alors la différence qu'il y a à analyser de loin et abstraitement une situation et le fait de la vivre dans un contexte saturé de part en part par l'imaginaire social du crime associé à ses émotions et sentiments culturellement construits, lequel organise la prison sur un modèle de guerre défensive.

Pendant ce temps-là, au rez-de-chaussée, à l'instigation du premier surveillant, Françoise est en train de lire la liste des motifs de condamnation et d'inculpation des détenues. Outre bon nombre de meurtres, surtout des infanticides, on compte des violences diverses, casses, trafics de drogue. Ainsi le premier surveillant initie Françoise. Mais à quoi ? Sinon à cette double protection. Comme quoi, vu le temps passé à chercher à savoir sans vouloir savoir, temps qui ne s'arrêtera d'ailleurs pas ce jour-là, il est clair que cette connaissance qui fascine et cette méconnaissance qui devrait protéger, ce poids des représentations du crime est décidément structurant non seulement dans les relations sociales à l'extérieur, mais aussi dans les relations internes en prison.

Il y a aussi ce décalage entre les rapports qu'ont les surveillantes avec les détenues, des rapports banaux, et quelque chose de fou : le poids de ces exigences sécuritaires surdéterminantes qui les fait courir du matin au soir sur les coursives, en parcourant des kilomètres, pour n'avoir finalement que des rapports ténus avec elles, alors que c'est ce rapport qui donne du sens à leur travail. Elles détruisent à longueur de journée ce qu'elles tentent de construire patiemment. Autrement dit, la barrière sécuritaire que construit la société vis-à-vis des délinquants, issue des représentations du crime, structure l'ensemble des relations en prison, tout autant que les rapports des différents métiers du maintien de l'ordre social avec les délinquants.

Les règles sécuritaires, définies dans le plus petit détail, sont en outre souvent incohérentes entre elles et contradictoires avec l'un des objectifs affichés de la peine : la réinsertion. Elles suivent une logique abstraite, décidée par les différentes instances gouvernementales et administratives concernées, indépendante de leurs applications possibles et de leurs effets. Ces règles ne peuvent être appliquées que selon une logique qui ne peut fonctionner. On en verra maints exemples. De plus, extérieures aux protagonistes en relation de face à face, elles s'imposent aux uns comme aux autres. Elles ne peuvent être l'objet d'un accord relatif au vivre ensemble, sinon dans un champ extrêmement réduit, situé à la marge des règles de sécurité et parfois contre elles. C'est une des raisons pour lesquelles, lorsque je demande aux surveillantes et surveillants s'ils estiment participer à un travail de réinsertion, la réponse est toujours négative. Tout au plus atténuent-ils, par le minuscule pré-carré de leur autonomie, les dégâts de l'incarcération.

Les surveillantes sont dotées d'un cahier d'observations personnalisé qu'elles tiennent à jour généralement au cours des nuits. Ils sont destinés à la surveillante-chef et à la sous-directrice qui les lisent, répondent aux questions posées et les signent. Des surveillantes me les donnent à lire cette nuit-là. Nombre de ces observations portent sur les rapports entre les détenues, sur les cohabitations qui marchent bien ou non. Dans l'un des cahiers, je constate qu'avec les années la surveillante y consigne de moins en moins d'observations : « On nous répond la plupart du temps à côté, et on se fait taper dessus parce qu'on doit savoir ce qu'on a à faire. Du coup on n'ose pas poser trop de questions. On ne sait pas ce qui va nous être répondu, et puis les consignes sont contradictoires, ou pas claires ou bien elles ne sont pas à jour ». Deux surveillantes donnent un exemple à propos du ramassage des poubelles : la surveillante voit qu'une auxiliaire est entrée dans une cellule pour ramasser une poubelle ; or elle n'a pas le droit d'entrer dans les cellules. On demande :

« Est-ce à nous d'entrer dans les cellules pour les ramasser si c'est le travail des auxis ? Elle répond : « Les détenues peuvent les sortir de cellules et on les ramasse après. Et on les laisse l'après-midi sur les coursives ; ça sent bon ! » – « La chef a bien vu qu'elle était coincée et n'a plus rien dit. On pose le moins de questions possible et on s'arrange entre nous avec les gradées qui n'en savent souvent pas plus que nous. Une gradée à notre prise de service de nuit nous a dit que si elle ne sait pas, ce n'est pas la peine de bluffer. Quand on a été de repos deux ou trois jours de suite beaucoup de choses se sont passées et on n'est pas au courant de tout. « Tu vois », me dit une surveillante, « on ne savait pas, la gradée ne nous a pas dit que les nouvelles entrantes n'avaient pas eu leur dîner. Et on se serait fait taper sur les doigts si on n'avait pas fait le travail. »

Commentaires à propos des gamelles de régime, des auxiliaires, et du travail de celles-ci : à chaque repas il y a un certain nombre de gamelles de régime et les auxis aiment bien garder pour elles-mêmes celles qui ne sont pas distribuées. On m'a déjà parlé de ces gamelles pour m'expliquer que si les gamelles ne reviennent plus aux cuisines, ces dernières ne veulent plus en donner, la MAF étant favorisée, compte tenu de la pénurie qui règne dans les autres quartiers de la prison. La surveillante du deuxième étage descend voir sa collègue du premier. Elle raconte qu'une surveillante – plus âgée – a fait un rapport à une auxi parce qu'elle n'avait pas rendu sa gamelle, l'avait gardée dans sa cellule.

Il suffit de regarder le cahier de service pour savoir de quelle surveillante il s'agit. La surveillante est en colère : « Un rapport pour si peu de choses, pour une telle broutille, c'est écœurant ! Et en plus c'est moi qui me ferai engueuler ! » – C'est qui ? – Devine ! – C'est Mme X ? – Oui c'est elle ! Toutes les deux lui reprochent d'être sur leur dos sous prétexte qu'elle a plus d'ancienneté que celles qui ne sont pas encore titularisées. Elle évoque le cas d'une jeune collègue qui en pleurait.

« Je ne comprends pas ça. En plus les auxis sont celles qui travaillent le plus ; elles sont mal payées, elles n'ont pas le temps de manger, elles n'ont pas le temps de prendre leur douche. Elles mangent après la distribution des repas et presque toutes ont un régime. Elles ont donc droit à la fameuse gamelle. C'est aux surveillantes de penser à aller les chercher. » Elle explique que, de par leur service, des différents retards qui peuvent survenir et de leur liberté de mouvement, elles ne mangent pas toujours au même moment, parce qu'elles ne regagnent pas leur cellule au même moment. « Entre leur douche et leur gamelle, je ne sais plus où elles sont et où elles en sont ».

Bref avec la crainte d'un rapport, et bien que la surveillante objet de leur critique ne soit pas de service le lendemain, la surveillante va vérifier dans les cellules des auxis ce qu'il en est de ces gamelles. Elle en rapporte trois ! Et va et dire à sa collègue : « Vous ne pouvez pas encore vous fier à moi ! – Oh ! C'est normal, elles font tout après les autres et vous êtes nouvelle ! »

Bien que la MAF ait la réputation d'être une prison stricte, j'ai l'impression que les détenues du service général peuvent faire passer d'un lieu à l'autre tout ce qu'elles veulent. J'en ai été détrompée cet après-midi : la surveillante me dit qu'il faut jeter un œil quand elles servent pour s'assurer qu'elles n'en profitent pas pour passer des trucs, de même, l'auxi ouvre et referme toutes les gamelles vides qu'on lui donne, ce sous l'œil de la surveillante.

La surveillante passe des boîtes de conserve d'une cellule à l'autre à la demande d'une détenue. Une autre me demande si sa copine d'une cellule éloignée peut lui donner ses cigarettes. La surveillante me dit : « J'accepte de porter les cigarettes de sa cellule dans l'autre, mais en sens inverse ça devient plus compliqué. Il faut d'abord que j'aille m'assurer que c'est bien ça et bien elle... Elles peuvent s'arranger entre elles pendant la promenade. »

Les auxis vont et viennent du rez-de-chaussée jusqu'au deuxième étage. Comme l'une d'elles sort du monte-charge la surveillante lui dit gentiment : – « Vous savez bien Mme J. que vous n'avez pas le droit de l'utiliser, pas plus que nous d'ailleurs. – Mais l'ascenseur ne marche plus bien, ça fait trois jours que tout le monde s'énerve sur cet ascenseur ! s'exclame l'auxi.

Aujourd'hui les visites au parloir prennent un peu de retard. Je constate que le métier de surveillante réclame un travail de mémorisation et d'attention continu. Par exemple pour la promenade, le samedi, les détenues y descendent toutes à la fois, alors qu'en semaine les descentes sont alternées. Comme les parloirs ont lieu en même temps, il faut compter celles qui vont en promenade, celles qui en reviennent pour aller au parloir ou retourner en cellule, celles qui retournent en promenade. Je compte. On est interrompu tout le temps. Je dois m'y reprendre plusieurs fois en vérifiant les présences en cellule à l'œilleton. Un moment difficile est celui de la distribution des gamelles de régime qui est aussi celui de la douche des auxis. On ne sait jamais où elles sont, combien sont à la douche, ou en vadrouille. Pendant les mouvements, il faut tenir compte des détenues isolées qui ne doivent jamais rencontrer les autres. Lorsqu'elles sortent de cellule, tout doit être bloqué. Il faut tenir compte aussi de celles qui ne doivent pas se rencontrer parce qu'elles sont dans la même affaire. Il faut donc toujours regarder aux quatre coins de l'étage, tout en suivant ce qui se passe dans la bulle du rez-de-chaussée, en suivant l'enchaînement des opérations, tout particulièrement le matin quand arrivent tous les professionnels de santé, de l'éducation, les avocats…

4

Matin-nuit

Ce matin, il y a peu de mouvements ; trois fois moins qu'hier. Je travaille avec une surveillante de mon âge, surveillante depuis deux ans. Auparavant travailleuse familiale et seule pour élever trois enfants avec des revenus trop incertains, elle a voulu devenir fonctionnaire. « Pour moi les détenues sont des êtres humains comme les autres », me dit-elle, « et je pourrais être à leur place, un accident est si vite arrivé. Une gifle à un enfant qui heurte quelque chose, un lavabo… et on se retrouve ici. Je suis là pour les garder. Elles ont une peine, une privation de liberté, c'est déjà beaucoup. J'essaye aussi de leur apporter du réconfort et on n'est pas là pour les juger de nouveau. Il est très rare que je fasse un rapport. Je l'ai fait une fois pour une détenue qui m'a menacée de mort verbalement après m'avoir poussée : c'était l'hiver, un matin, je faisais mon contrôle d'ouverture ; il faisait nuit et pour voir comment ça allait dans la cellule j'ai dû allumer. Quand elle est sortie pour la douche, elle m'a violemment reproché d'avoir fait un contrôle en allumant la lumière et elle s'est dirigée vers moi, près de la cellule d'une autre détenue, au lieu de se diriger vers la douche, pour me pousser. *Et toute la détention a entendu.* »

(ce qui veut dire dans cette prison en nef où tout le monde voit et entend tout ce qui se passe et où en outre tout le monde surveille tout le monde, qu'on agit en tenant compte de cette surveillance permanente).

Comme j'ouvre une porte, une détenue me demande : « Alors Madame, vous vous y faites à ce métier ? » « Pfff ! » « On fera tout ce qu'on pourra pour ne pas vous embêter ! »

Il y a en effet bien des façons d'embêter une surveillante, comme, par exemple, de la faire courir en mettant son drapeau à tout bout de champ, de préférence en s'y mettant à plusieurs, de traîner sur les coursives…

La surveillante a quitté l'étage pendant plus d'une demi-heure en m'y laissant seule. Je distribue les cantines. « Madame, vous avez très bien travaillé », me dit, quand j'ai terminé, l'auxiliaire de l'étage. « Il n'y a pas de réclamation, pas d'erreur, il ne reste rien sur le chariot ; d'habitude il reste toujours quelque chose ». Les détenues auxiliaires ont en effet un rôle évident de formation des nouvelles surveillantes, comme celle-ci le reconnaît sans façon. Il leur arrive aussi de prévenir discrètement les surveillantes qu'elles apprécient et avec lesquelles elles travaillent de la montée inopinée des chefs…

En ouvrant les portes, je dis bonjour et je cherche le regard de chacune des détenues pour lui sourire ; je leur souhaite bon appétit, de porte en porte lors de la distribution des repas en refermant les portes. Je me dis que ces courts moments de politesse et de contacts verbaux et visuels, s'ils sont répétés toute la journée ne sont pas négligeables, ainsi que le disent et le pratiquent généralement les surveillantes. Cela me paraît surtout comme le seul moyen de survivre, comme surveillantes, dans cet enfer, coincées entre ces murs, ces rythmes de travail qui permettent très peu de s'extraire de la prison et ce poids de la hiérarchie qui pour être peu visible n'en est pas moins très lourd. La plupart des surveillantes d'ailleurs préfèrent travailler dans les étages qu'au rez-de-chaussée. Là sont situés le bureau de la surveillante chef, lorsqu'elle vient en détention, ainsi que celui des gradés. Et le travail est plus difficile. La surveillante me dit ne pas aimer y travailler préférant les étages parce qu'elle est au contact des détenues et qu'on y est plus libre.

Ce matin deux détenues passent toute la matinée dans leur cellule sous leur couverture. Comme je dis à la surveillante qu'elles m'inquiètent un peu, surtout l'une des deux qui a l'air sonnée par ses premiers jours de détention, elle me dit qu'au moins sous leurs couvertures elles se tiennent au chaud, il commence à faire froid et humide. Elle ne les pousse donc pas à se lever et à s'activer, comme le prévoit le règlement. (Du moins ce qui tient lieu de règlement, c'est-à-dire les multiples consignes contradictoires).

Le ménage des coursives se fait le matin, après les petits déjeuners. Deux auxiliaires le font à chaque étage et une au rez-de-chaussée. À chaque étage les auxis s'interpellent, se poursuivent en riant avec leur balai. L'une d'elles, me fait remarquer la surveillante, travaille beaucoup plus que l'autre : « D. est très courageuse, elle travaille dur et l'autre, R., en profite et l'exploite. Au rez-de-chaussée, le ménage doit être fait avant huit heures. En fait, tout ce qu'on demande, c'est que ça ne traîne pas toute la matinée. »

La pluie venant, seules cinq détenues mettent leur drapeau pour sortir en promenade et je les préviens qu'il fait froid : « Oh ça nous fera du bien de prendre l'air et d'aller sous la pluie ! »

Une détenue qui vient d'arriver n'a comme vêtements que ceux qu'elle a sur le dos et dit avoir froid. J'en parle à la surveillante qui va lui demander de remplir un papier de demande de vêtements adressé à la surveillante de la fouille, chargée du linge des détenues.

Il y a très peu de mouvements ce matin. Plusieurs détenues attendent, enfermées à clef en salle d'attente, la consultation de psy et de toxico. Outre les médicaments, il y a la possibilité d'entreprendre ici une psychothérapie. Cependant ceci n'est possible que si la durée de l'emprisonnement le permet. D'autres vont à l'association « Faire », au parloir avocat, au bureau de l'assistante sociale ou à celui de l'infirmière.

Une détenue qui doit aller à la salle de télévision attendre que la fouille de sa cellule soit terminée pour la regagner ne veut pas y aller. La surveillante « parlemente » avec elle, lui expliquant qu'elle n'a pas d'autre possibilité et qu'elle n'y peut rien. La détenue se laisse faire.

Je vais voir une détenue qui a mis son drapeau : elle a mal au ventre et avait hier des coliques néphrétiques. J'en parle à la surveillante qui appelle le rez-de-chaussée pour demander que dès qu'arrive l'infirmière on la prévienne. Je porte la réponse à la détenue. Elle sera reçue à l'arrivée de l'infirmière, puis par le médecin en fin de matinée : « Il arrive toujours au moment de la distribution des repas », commente la surveillante.

Une autre m'appelle. Elle se plaint de n'avoir pas reçu le courrier qu'elle attendait. Il s'agit d'une lettre interceptée par la censure et dirigée vers la surveillante-chef. La lettre vient d'un détenu du quartier homme qui écrit à la jeune fille que s'il ne parvient pas à lui donner des nouvelles par la voie normale, il lui en donnera par une autre voie. « Je ne sais pas quoi dire à la détenue, me dit la surveillante embarrassée. Elle téléphone à la surveillante du rez-de-chaussée pour savoir de quoi il retourne, puis va voir la détenue.

« Je ne sais pas pourquoi vous n'avez pas reçu votre courrier ; je ne peux rien vous dire de plus. »
« Je sais bien que ce n'est pas au niveau de l'étage que ça se passe et que vous ne gardez pas mon courrier. »

« C'est sûr que je ne le ferais pas par plaisir. »
« Mais je voudrais savoir pourquoi je ne peux pas l'avoir. Je sais bien qu'il y a une censure. »
« Je ne sais pas pourquoi on ne vous le donne pas. »

Je procède à la distribution du courrier, classé selon les numéros de cellule et je me trompe de côté. J'apprendrai l'ordre des différentes distributions, fonction de la disposition des lieux en se plaçant en position inversée d'une coursive à l'autre pour la distribution des repas, du courrier, de l'eau chaude, des médicaments, etc. Ce pour limiter le nombre de kilomètres parcourus pendant la durée du service et ne pas se laisser déborder par les demandes des détenues qui saisissent l'occasion des différentes distributions pour adresser leurs multiples demandes aux surveillantes.

5

Après-midi

L'éducateur nous montre son bureau et parle de son travail. Il a été auparavant plusieurs années surveillant. Il nous montre des dessins et des photos que lui ont données des détenues. (Plusieurs surveillantes nous diront que certaines d'entre elles, lorsqu'elles ont été libérées, leur écrivent un mot, une carte postale). Il évoque un jeune détenu qui dessinait très bien et qu'il a essayé de faire travailler à l'imprimerie de Melun, « mais c'est l'administration qui dispose ». Il est là, dit-il, pour apporter un peu de réconfort aux détenues, les aider dans leurs démarches, sans pour autant les faire à leur place. Il reçoit parfois leur famille à leur demande. Cela le met parfois dans une position délicate entre la famille qui veut savoir telle chose, alors que la détenue ne le veut pas, avec le jeu des parents entre eux, la manipulation et ses pièges. Il en a assez de la détention et veut partir travailler en milieu ouvert. Il nous dit que la surveillante-chef est correcte, fait bien son métier et gère la détention avec souplesse.

Nous discutons quelques minutes avec le gradé. Il est beaucoup moins enthousiaste à notre égard que le premier jour. Est-il de mauvaise humeur ? Se méfie-t-il à juste titre de notre position biscornue comme élèves et chercheuses ? Ou bien suis-je déjà saisie par la paranoïa qui règne en ce lieu ?

Cette position biscornue nous revient d'ailleurs cet après-midi en pleine figure : alors que nous sommes aux étages, la surveillante-chef nous fait appeler dans son bureau. Elle veut savoir où nous en sommes et connaître nos premières impressions. Elle nous sort alors deux cahiers d'observation personnels que nous devrons remplir. Il nous faut noter, comme le font les surveillantes, les incidents qui ont lieu en détention ; par exemple qu'une détenue crie à sa fenêtre, qu'une telle s'est battue avec telle autre… Françoise et moi essayons de cacher que cette attente nous terrorise. En outre, nous dit-elle, la directrice a manifesté son étonnement devant le fait que nous n'ayons pas encore tenu ce cahier. Je me remémore alors une mise en garde qui nous a été faite lors de notre bref passage à l'ENAP où il nous a été recommandé d'être « très, très prudentes et de nous méfier ». Bref il va falloir trouver la bonne posture dans cet univers tout de méfiance et de paranoïa.

Bien mal à l'aise, je pense que la seule attitude à tenir, autant que possible, est la transparence. Nous nous en tirons, semble-t-il, en rapportant nos diverses impressions : une détention calme, le soulagement qui a suivi les appréhensions devant la nature des relations entre surveillantes et détenues, la difficulté de ce métier qui demande de beaucoup mémoriser, de la maturité et de la patience. La surveillante-chef à plusieurs reprises insistera sur le fait qu'il est dommage que nous soyons présentes dans une période aussi calme, où il n'y a pas de bagarres, de coupures, de suicides, de violence, d'agressions de la part des détenues. Elle revient sur cette observation, manifestement bien fâchée de ces circonstances pour nous faire comprendre que ce travail n'est, en effet, pas de tout repos. Puis le ton monte et elle manifeste sa colère sur la façon très injuste dont le monde extérieur traite les pénitentiaires : les discriminations, de nature raciste, dont le personnel est l'objet, en particulier de la part des enseignants. Elle a dû retirer son fils de l'école publique, devenu tête de Turc des instits parce qu'ayant des parents dans la pénitentiaire. Elle donne plusieurs exemples de ce type autour d'elle.

Je commence à comprendre pourquoi certaines catégories sociales se situent bien à droite sur l'échiquier politique. Peut-être moins parce qu'elles représentent une autorité qu'en vertu d'un imaginaire ou d'un niveau social. À plusieurs reprises des surveillantes ont manifesté de la hargne vis-à-vis de détenues diplômées qui, d'ailleurs, ne se gênent pas pour les traiter avec condescendance. « Elle n'est pas plus qu'une autre parce qu'elle a des diplômes ! »

Puis elle évoque la règlementation. « Aujourd'hui c'est beaucoup plus souple et le moindre détail donne matière à interprétations contradictoires ». Je donne l'exemple de la sangle trouvée lors d'une fouille de cellule. « Oui c'est un exemple, le règlement ne dit pas s'il faut les interdire, mais par ailleurs on autorise les ceintures pour permettre aux détenues une certaine coquetterie, mais les ceintures, du point de vue de la sécurité, sont aussi dangereuses que les sangles. Le plus dur c'est de passer son temps et son énergie à voir comment interpréter des détails infimes ».

À plusieurs reprises la surveillante-chef nous dira que nous ne parlons pas beaucoup, qu'il n'y a qu'elle qui parle. Mais l'éducateur nous délivre en venant la voir dans son bureau.

En remontant à l'étage, je raconte à la surveillante qu'on nous a donné des cahiers d'observation. « C'est sûrement pour savoir des choses sur les surveillantes et nous épingler qu'elle vous les a donnés », dit-elle aussitôt. Je réponds que nous avons l'intention de ne rien écrire qui puisse nuire à quelqu'un, surveillante ou détenue, de n'écrire que des choses anodines ou de signaler des situations qui réclament un secours, une dépression par exemple. La surveillante me semble maintenant plus directe avec moi, mais une réserve subsiste : après tout nous sommes chargées d'une recherche destinée au Ministère de la Justice, rien ne garantit que nous ayons choisi le bon camp et nous ne sommes que de passage. Je me promets, lors de la prochaine nuit, d'aborder ces cahiers avec les différentes surveillantes présentes et de faire des observations, après discussion, qu'elles-mêmes jugeront utiles et non nuisibles.

Aujourd'hui, une détenue a été conduite au mitard pour avoir refusé de se laisser fouiller et a poussé des surveillantes. Elle a pris cinq jours au prétoire où étaient présentes pour la sanctionner une surveillante, une gradée, la surveillante-chef et la sous-directrice. Cette dernière était dans la détention à 8 heures et demie, « ce qui ne lui arrive jamais ».

C'est la première fois qu'une détenue est envoyée au mitard depuis notre arrivée et l'événement suscite des commentaires : « Je ne comprends pas ici comment fonctionne la discipline. D'un côté on fait des rapports d'incident pour des conneries, des choses infimes sur lesquelles à Rennes on passe, et dans un cas où il faudrait de la fermeté on est laxiste. Je lui aurais donné treize jours. Elle se serait calmée. Après ça, les détenues comprennent que ça ne vaut pas la peine de recommencer ».
« Oh, elle est méchante ! » s'exclame une surveillante.
« Non, elle n'est pas méchante, elle est surtout très bête », intervient l'éducateur. « Je lui ai déjà dit qu'elle ferait mieux de faire le gros dos, et qu'elle s'attirerait moins d'ennuis ».

De mon étage, je vois quelque chose qui cloche au rez-de-chaussée. La surveillante-chef est en train de blêmir : les détenues remontent de la promenade en « paquet » au lieu de remonter quatre par quatre ; en outre l'isolée se promène dans le hall, alors que tous les mouvements devraient être bloqués. Il me semble qu'il n'y aura pas eu d'autre suite qu'une admonestation verbale.

A lieu cet après-midi une fouille de cellule. La surveillante que je suis en doublure, retire de la cellule des rubans de biais donnés par une institutrice qui leur fait faire de la couture, au motif qu'elles pourraient se pendre avec ceux-ci. Elles peuvent, dit-elle, se pendre avec n'importe quoi ; un drap le plus souvent. Une fois un torchon a suffi. Les collants sont interdits en tant qu'arme redoutable. Les baleines de soutien-gorge sont également proscrites. Elle retire ensuite un canif ; mais beaucoup de détenues en possèdent. Les rubans sont un cadeau et les détenues aiment bien les collectionner pour les mettre dans leur sac de couture. Que faire ? Après des hésitations et une discussion avec une autre surveillante, l'argument du risque de pendaison l'emporte.

Par ailleurs tout le fourbi entassé dans les cellules rend compliquée leur fouille, tout devant être fouillé. L'accumulation rend quasiment impossible une fouille en règle dans le temps imparti à cette tâche. La surveillante trouve alors un compas. Elle demande tout haut si les compas peuvent être ou non cantinés, la pointe du compas étant vraiment très pointue. Vérification faite sur la liste des produits qui peuvent être cantinés, elle le laisse à sa place en haussant les épaules : « Tout objet peut-être dangereux et on ne peut tout interdire. Les détenues essayent de recomposer en cellule un chez elles. » Il y a par exemple reposant sur le poste de télévision des petits animaux en verre filé, reçus dans leur cadeau de Noël. La place réservée aux photos est pleine de photos et de cartes postales.

Tout est vidé. Les surveillantes ouvrent les tubes de dentifrice, les pommades, les boîtes à pilules et à coudre. Elles déplient tous les vêtements. La glace fixée au-dessus du lavabo est retirée et passée sous chaque meuble pour vérifier que rien n'est caché ou collé sous l'un d'eux. Elles défont draps et couvertures. Puis, tout est replié et remis à sa place. Elles vérifient en outre que toutes les pages des lettres reçues et les cartes postales ont été tamponnées par la censure. Une surveillante tombe sur le dossier d'instruction et de jugement de l'une des détenues condamnée pour homicide. Elle le lit et me le donne à lire. C'est une auxi qui a été aide-soignante. Elle a eu une déception amoureuse, a fait une tentative de suicide et s'est mise à boire. Elle a blessé un homme avec un couteau, un jour où elle était très saoule. Le soir de l'assassinat, la police a relevé un taux très élevé d'alcoolémie. Elle était en compagnie de deux hommes et d'une femme. Un des deux hommes la défie de l'égorger avec un couteau qu'il lui tend. Elle le frappe. Les trois autres présents vont chercher du secours, mais il est mort tout de suite. Le juge constate que, selon les psychiatres, il n'y a aucun élément psychiatrique qui puisse expliquer son geste et que sa responsabilité est alors complètement engagée.

La lecture de ces deux pages est terrible ; ce genre de passage à l'acte me paraît tout à fait « naturel ». Je savais déjà, la connaissant bien puisqu'elle m'apprend mon travail, qu'elle avait été condamnée pour homicide sans préméditation. Et c'est vrai que pour moi elle est tout à fait normale.

Son tablier sale et son fichu sont en bouchon dans son lit. « Ah, ce qu'elle est sale », dit l'une des deux surveillantes. Les surveillantes font les fouilles avec des gants. C'est vrai qu'il y a des cas de MST séropositives et de SIDA. « Je crois qu'on en a en ce moment, mais on ne nous dit jamais rien. C'est un jour l'auxi qui m'a dit qu'elle savait qu'une de ses codétenues allait régulièrement à l'hôpital parce qu'elle avait la tuberculose et qu'elle aurait pu l'attraper en partageant sa cellule. » « Ah, quelle poussière », ajoute-t-elle, en s'époussetant. Il y a la poussière soulevée par la fouille, en outre celle que répandent les travaux dans toute la détention.

Lors de ces fouilles, on se sent dans une proximité qu'on n'accepte que de ceux dont on partage l'intimité. Je suis particulièrement sonnée et je compte les jours de stage qu'il me reste à faire. J'ai envie de partir. Ces murs commencent à être bien étroits. Je suis écœurée. Écœurée par ces relations entre tous. Tout paraît ambigu. J'ai besoin de croire que les surveillantes peuvent être une aide pour les détenues, qu'il y a quelque chose de propre, quelque part, auquel se raccrocher pour tenir.

6

Matin, après-midi, service de nuit

Matin. Ouverture. Contrôle de l'effectif. Le réveil des auxis à sept heures moins le quart par les surveillantes de nuit qui toquent à leurs portes avec leur clef. Puis les douches de sept heures cinq à sept heures quinze pour huit détenues. Elles sont inscrites sur le cahier de douche à l'étage avec une croix correspondant à l'ordre des numéros de cellule. Celles qui ne prennent pas de douche doivent en donner le motif. Est accepté celui de l'indisposition.

« Dites donc Mme X, ça ne fait quand même pas dix jours que vous êtes indisposée ! » dit la surveillante de l'étage qui marquera indisposée sur le cahier de douche.

Sont sorties de leur cellule les détenues qui vont travailler à l'atelier de contrôle graphique. « Ces détenues sont des calmes. Elles gagnent 3000 F par mois ; ça leur permet de faire des économies. Nous, on n'arrive pas avec notre salaire à faire toutes ces économies ».

Les détenues qui travaillent ont le privilège de pouvoir aller à la douche matin et soir. Mais les surveillantes ne savent pas si elles peuvent y aller ce matin. Les détenues travaillant dans d'autres ateliers sont également sorties de leurs cellules, tandis qu'un peu plus tard a lieu à neuf heures le premier tour de promenade ainsi que la distribution des notifications – des autorités – que doivent signer celles auxquelles elles sont destinées. Il y a entretemps ou en même temps les sorties pour les multiples rendez-vous à l'extérieur ou en interne : consultations médicales, psychiatriques, avec l'assistante sociale, l'infirmière, les visiteurs, le premier tour pour le sport, la rentrée du premier tour de promenade, la promenade du deuxième tour, la bibliothèque, le deuxième tour du sport, la douche de retour du sport, la distribution des gamelles…

Lors de la distribution des repas, l'isolée est servie la première. Lorsque plus personne ne circule sur les coursives, les auxiliaires ne doivent pas pénétrer dans sa cellule et c'est la surveillante qui doit faire pour elle ce que fait normalement l'auxi, et sans que celle-ci puisse la voir. De même l'isolée prend sa douche seule. Elle la prend la première. Elle est aussi la première à recevoir son eau chaude. Pour le petit déjeuner, l'auxi remplit son bol, la surveillante le lui porte quand l'auxi est au bout de la coursive. On la sert aussi la première pour le repas de midi et elle va en promenade après. Et s'il y a deux isolées, le fonctionnement du mouvement est complètement perturbé…

Aujourd'hui, pour la promenade, la consigne a été donnée de fouiller les détenues et de ne laisser sortir des cellules que leur serviette personnelle et leurs cigarettes. J'ignore pourquoi, ce qui paraît absurde si on ne sait ce qu'on suspecte et qu'il faudrait rechercher. Une détenue râle parce que la surveillante lui a demandé de rentrer son livre en cellule. « Mais qu'est-ce que vous voulez que je fasse avec mon livre ? » En fin de matinée, quand une auxi – que j'apprécie – ira en promenade, elle demandera pourquoi on la fouille : « Ce n'est pas vous que ça vise, c'est tout le monde », lui répond la surveillante qui la fouille, tandis que l'auxi fait la tête.

Après-midi

Les surveillantes évoquent le planning de leur service. Il se fait de huit jours en huit jours, avec parfois, des changements deux jours à l'avance seulement. L'une d'elles dit qu'elle a six nuits à faire ce mois-ci (c'est généralement quatre nuits), et que plusieurs de ses repos hebdomadaires sautent : « Quand c'est la surveillante-chef qui fait l'ordre de service, c'est toujours comme ça. Son adjoint, également surveillant-chef, est beaucoup plus arrangeant, mais il est actuellement en congé et il a demandé sa mutation. Aujourd'hui, on n'a rien à faire. On ferait mieux de nous donner les jours de repos auxquels on a droit ».

Elles parlent du personnel masculin. Lors de l'ouverture de la MAF tous les cadres étaient des hommes. Ils s'en vont les uns après les autres. Sur les trois derniers qui restent, deux ont fait une demande de mutation. Ils trouvent que le travail est plus dur dans les détentions de femmes. « Ici c'est trop petit, en outre, en tant qu'hommes, on ne peut intervenir, on ne peut entrer dans une cellule qu'en présence d'une surveillante » dit un gradé qui se joint à la conversation. « Ici, on manque de responsabilité. Si je n'obtiens pas la responsabilité d'un gradé dans une plus grande détention, je chercherai du travail au syndicat, ou au Ministère de la Justice ».

L'après-midi est calme en effet. La surveillante de l'étage marque précisément l'ensemble des sorties de cellule et tout à fait au pif les rentrées, « pourvu qu'on sache où elles sont et qu'on marque qu'elles sont bien rentrées ».

La directrice me croise sur la coursive et me demande si ça se passe bien devant l'éducateur qui la suit. « Ici c'est

Monsieur l'éducateur », me dit-elle. Puis elle me demande, en manifestant son mépris, si les surveillantes m'ont déjà parlé de « leurs problèmes de fesses, le sujet de préoccupation numéro un des surveillantes et des surveillants ». Je n'ai rien entendu de tel jusqu'ici, ni ne l'entendrai par la suite.

Service de nuit

Je suis de nuit avec trois surveillantes que je connais déjà. Il n'y a pas de consigne particulière. Le gradé a oublié de nous donner le mot de passe. Il a également oublié de nous donner la clef qui permet d'effectuer la ronde dans la petite cour où se situe un des boîtiers pour le mouchard. Une surveillante va le trouver dans la salle de repos pour les lui demander.

La nuit s'effectue en trois tours. Le premier de 19h 10 à 23h 15 avec une surveillante qui doit faire la ronde du rez-de-chaussée, puis celle du premier étage, du deuxième étage, du sous-sol, de l'extérieur et une ronde d'écoute. Le deuxième tour s'effectue de 23h 15 à 3h 15 suivant le même scénario, il en est de même du troisième tour, de 3h 15 jusqu'à l'ouverture à 7h moins le quart.

Après la première ronde, qui prend un certain temps, s'effectue la censure. La ronde aux étages se fait à des points de départ différents pour chaque ronde afin d'éviter la régularité (sécurité oblige). Et compte tenu des travaux et de la palissade qui coupe en deux la détention, il faut tout redescendre et remonter je ne sais combien de fois pour aller d'un bout à l'autre de chaque étage.

Pour pointer, les surveillantes se munissent d'un papier avec les six points de pointage sur lequel elles impriment la trace de la clef de pointage pour s'assurer qu'elles n'en oublient pas. Il y a deux boîtes par étage à chaque extrémité de la détention. Outre les six boîtiers à l'intérieur, il y en a onze à l'extérieur. Les surveillantes me préviennent de pointer deux fois sur mon papier pour être sûre de ne pas en oublier. Il faut allumer la façade la nuit et éteindre le matin ; en cas d'incident, appeler le gradé par le téléphone ou par l'intermédiaire d'une porte. Nous disposons de plusieurs clefs et il nous faut partir avant l'heure indiquée pour la première boîte de pointage afin d'y parvenir à l'heure prescrite. C'est un parcours très compliqué avec de multiples portes à franchir, avec échanges de clefs avec les surveillants de garde aux portes – avec parfois une longue attente – et on n'accède à certains boîtiers qu'après un exercice d'équilibriste sur des planches pourries posées au-dessus de la gadoue occasionnée par les travaux en cours.

Inutile de dire que l'on pense plus à ne pas rater un boîtier et à ne pas tomber, plutôt qu'à surveiller les alentours, d'autant plus que l'éclairage des façades rend plus noir encore l'environnement au-delà de la bande éclairée. Seuls les sons pourraient nous alerter.

Une surveillante évoque l'aggravation des mesures de sécurité : « Avant on n'avait à pointer qu'à 4 postes fixes avec la pointeuse. Maintenant il y en a 11. On fait tout pour nous agacer. C'est une décision de la direction qui trouve qu'on n'a pas assez de travail. » Une autre dit qu'il n'est pas logique que ce soit elles qui fassent le chemin de ronde la nuit, en bottes et par tous les temps. « Ce serait logiquement aux hommes de le faire, puisqu'ils sont chargés de la sécurité périmétrique, comme les portes et le mirador où ils sont planqués. On nous fait faire les plus sales boulots ». Outre la multiplication des boîtes de pointage, l'actuelle direction a fait sécuriser le mirador avec des vitres pare-balles et fait refaire récemment le quartier disciplinaire et d'isolement.

Lorsque pendant la ronde nous parvenons au quartier disciplinaire, nous entrons dans les cellules et les surveillantes commentent avec colère l'inanité de leur conception : les détenues peuvent se pendre très facilement aux grilles. Elles peuvent aussi grimper par-dessus les grilles des portes et tomber sur les surveillantes.

L'espace réservé aux isolées est constitué de quatre cellules normales, avec un muret qui isole de la toilette. Cet espace est très sombre. De l'autre côté d'un minuscule couloir sont situées les cellules du mitard avec « meubles » incorporés, des WC à la turque, un lavabo, un lit en ciment dont on retire le matelas le jour et une borne pour s'asseoir. Il y a au centre de ce couloir un poste fixe vitré avec un système d'alarme et, au bout du couloir, de chaque côté de murets qui séparent le mitard des isolées, deux minuscules cours de promenade surmontées d'un grillage situé très bas.
« Je n'aimerais pas travailler ici », commente la gradée.
« Quelle horreur ! » je lâche tout haut en regardant le mobilier et la minuscule ouverture vers l'extérieur.
« Oh oui, quelle horreur ! » renchérit la surveillante que j'ai suivie pendant le service du matin.

Suivent alors de longs commentaires sur la hantise des suicides. « J'étais de nuit lorsqu'il y a eu une pendaison. J'étais déjà passée, vingt minutes avant. Lorsque je suis repassée lors de la ronde d'écoute, je l'ai vue et me suis d'ailleurs dit qu'est-ce qu'elle fait là ? Puis j'ai compris en regardant mieux et en voyant ses pieds au-dessus du sol. C'était deux sœurs. Elles dormaient dans le même lit. Sa sœur dormait. J'ai appelé. Le pire c'est qu'on ne peut rien faire. On n'a pas les clefs la nuit. La gradée est venue, puis le médecin, les pompiers, les gendarmes. Ils m'ont tous interrogée. Je fais toujours mes rondes soigneusement – ce n'est pas le cas de toutes les surveillantes –. Et je le faisais déjà avant. Après, j'ai demandé à la surveillante-chef de ne pas me mettre de nuit pendant un certain temps, je n'en étais pas capable. Pendant des mois je n'ai pas pu passer devant cette cellule sans angoisse. Ça m'arrive même encore maintenant. Quand les gendarmes m'ont vue, il y en a un qui m'a dit que ça n'avait pas l'air de m'arriver souvent, que je faisais une drôle de tête. C'est normal quand même. C'est la hantise des surveillantes la nuit. Une pendaison s'est faite avec le conduit d'eau. On voyait juste sa main qui dépassait. »

Il n'y a pas un surveillant, une surveillante, du haut en bas de la hiérarchie pénitentiaire, qui n'ait abordé cette hantise.

Je trouvais *a priori* abusif qu'on allume la nuit les cellules des détenues pour vérifier qu'elles sont bien dans leur lit. J'en comprends maintenant la raison. Mais ceci souligne l'absurdité des mesures de sécurité, qu'il s'agisse de se protéger des détenues ou de les protéger. La lumière réveille parfois les détenues, aussi rapidement qu'on agisse. J'ai entendu à plusieurs reprises des coups de gueule à ce propos. Cela les énerve, elles le perçoivent comme une brimade supplémentaire qui s'ajoute aux autres et peut alors provoquer précisément ce qu'il s'agit d'éviter. Ceci est vrai de la plupart des mesures de sûreté destinées à les protéger. Comme tout ce qui leur est retiré à l'occasion des fouilles de cellule alors que ce qu'elles accumulent est destiné à recomposer un univers privé, aussi limité soit-il. Pas plus que les détenues, les familles ne comprennent qu'on retire ceci ou cela de ce qu'elles ont en cellule ou ce qu'on retire de ce qu'apportent ces dernières. On a vu le casse-tête que représente l'interprétation des consignes ou des listes des objets interdits ou autorisés au nom, à la fois de la protection des détenues, des personnels et de la société.

Lors de la censure, j'aborde avec les surveillantes présentes la question du carnet d'observation et de notre grand embarras devant l'obligation de le remplir, me disant bien coincée, puisqu'il s'agit bien à mes yeux d'une arme redoutable, qui peut se retourner non seulement contre soi, mais aussi contre une surveillante ou contre une détenue. « Une arme redoutable », commente en écho une des surveillantes. Je poursuis : « si j'écris que telle détenue qui a passé sa matinée au lit me semble ne pas aller bien, cela peut se retourner facilement contre une surveillante, soit qu'elle ne l'ait pas poussée à se lever, soit qu'elle n'ait pas prévenu quelqu'un. Les observations étant datées, il est facile de retrouver la surveillante en service à ce moment-là. Si je demande s'il faut, lors des fouilles de cellule, retirer les sangles, on me répondra que j'aurais dû le savoir, sinon la surveillante que j'accompagnais. »

Les surveillantes me répondent que c'est bien pour ces raisons qu'elles le remplissent de moins en moins. « On met des choses anodines. De toute façon on ne tient pas compte de nos observations, ou bien on fait semblant d'avoir pris une décision soi-même (c'est-à-dire la surveillante-chef) et il n'y a pas de réponse ; ou bien c'est marqué bien souvent « vu ».

Je dis aux surveillantes que lors de notre rencontre avec la surveillante-chef, celle-ci avait mentionné le fait qu'elle reprochait aux surveillantes de se contenter de noter sur leur carnet les incidents ayant eu lieu durant leur service, sans faire en même temps de rapport d'incident, la base « matérielle » à partir de laquelle une sanction peut être infligée à une détenue. – « Moi je ne fais jamais de rapport d'incident, parce que ça peut avoir des effets sur la durée de leur peine », répond une des surveillantes. En parcourant les carnets que ces dernières nous proposent de lire, je constate en effet que dans ses annotations, la surveillante-chef écrit souvent : « Vous auriez dû faire un rapport d'incident ». À ce propos une surveillante nous dit que cette dernière considère comme de très bonnes surveillantes celles qui font des rapports d'incident. « Quand elle nous remet nos carnets, elle tient à la main le carnet d'une surveillante réputée pour en faire pour des riens ». (J'apprends qu'il s'agit en particulier de la surveillante, qui, un matin avait refusé à une détenue son eau chaude, à une autre son repas).

Restée seule avec une surveillante que je connais bien maintenant et avec laquelle j'ai sympathisé, je l'écoute me parler de son travail. Elle croit qu'elle le fait « proprement ». À une époque où son fils avait 17 ans et n'allait pas très bien, elle s'est dit que c'était un âge très fragile et qu'il suffisait vraiment d'un rien pour basculer dans la délinquance. « À ce moment-là, j'ai eu envie d'être éducatrice, de faire des études pour le devenir. Je pouvais très bien le faire. Finalement je me suis dit que je pouvais très bien faire du bon boulot en détention, sinon plus, à cause de ce contact continu avec les détenues. Plusieurs fois j'ai réussi à dédramatiser des situations, à calmer des détenues énervées qui voulaient tout casser. Il y a des détenues, il faut tout leur apprendre. On a l'impression qu'elles n'ont rien appris avant ; comme les rythmes de la journée : se lever, s'habiller, se doucher, ranger ses affaires, travailler. On peut faire quelque chose en ce sens ».

Il est vrai qu'elle est posée, se tient à une certaine distance gentille, y compris vis-à-vis d'un surveillant qui fait des plaisanteries souvent obscènes, « mais je l'aime bien parce qu'il a beaucoup d'humour et qu'il est en fait tout à fait inoffensif ; alors que d'autres, qui ne disent pas grand-chose… » (je comprends une fois de plus l'importance de l'humour dans ce métier pour en avoir constaté les effets positifs pour détendre une atmosphère ou des situations de tension générées par l'enfermement).

En suivant la ronde, je constate que les surveillantes, quand elles allument la lumière dans les cellules, n'en abusent pas. Elles prennent le temps, d'abord, de bien visualiser l'intérieur de la cellule avant d'appuyer rapidement, tout comme elles montent et descendent des étages sans faire de bruit. Je me suis fait dire, la nuit précédente, que j'avais fait trop de bruit en descendant l'escalier. Depuis, je mets d'autres chaussures la nuit…

Il y a un second bouton électrique à l'extérieur de chaque cellule destiné à éteindre la lumière à partir d'une certaine heure. Cela ne se fait plus, sauf au mitard. Des détenues laissent la lumière allumée très tard. D'autres laissent la télévision allumée toute la nuit. On les laisse faire, « bien que ça esquinte les postes ».

Une détenue a râlé très fort aujourd'hui parce qu'on lui a fait signer le registre du courrier pour une lettre dont elle dit qu'elle ne l'a pas envoyée. Elle s'est inquiétée et énervée, ayant eu peur d'avoir signé un faux et d'en être accusée. « Elle râle et conteste tout le temps, comme pour les cantines. « Tu pouvais lui dire, dit une surveillante à celle qui l'a fait signer, que ça n'irait pas plus loin que là où elle est, en prison… »

Cependant, les surveillantes recherchent, pendant la nuit, à partir des différents cahiers, d'où vient l'erreur. Elles constatent qu'il y a eu une inversion de lettre sur une colonne. Elles décident de régler le problème avec elle et de la tranquilliser.

J'ai rêvé la nuit précédente que j'entrais dans la cellule d'une détenue que je reconnais comme une de mes professeures au lycée, très engagée politiquement au PCF et qui a entrepris pendant deux ans l'éducation politique de ses élèves. Elle s'écrie : « Chauvenet, qu'est-ce que vous fichez là ! Vous allez m'aider à m'évader ». Je bafouille, rougis, en tentant de lui expliquer que le contrat qui me lie à la pénitentiaire me l'interdit. Je sais que mon explication ne tient pas debout. Mon sentiment de traîtrise et ma gêne me réveillent en sursaut, toute en sueur.

Mon inconscient me dit on ne peut plus clairement que j'ai trahi le camp des bons, celui qui ne touche pas aux sales boulots de la répression dans ses différentes formes. D'ailleurs lorsqu'un jour de repos, je passe à mon bureau, deux collègues au courant de mon stage ne manqueront pas de me dire sur un ton acide : « Ah, alors tu es passée de l'autre côté ! ». Il y aurait donc, outre les beaux métiers et les sales boulots (Hughes E. C., 1971) les sujets de recherche propres ou nobles et les sujets sales, politiquement incorrects...

La nuit suivante, je rêve qu'une immense clef, posée en travers du seuil d'une cellule ouverte est éclairée par un soleil lumineux.

J'entends quasiment tous les jours des réflexions, de la part des surveillantes, du genre : « Elles ne sont jamais contentes, elles n'aiment pas ceci ou cela, n'ont pas assez à manger, alors qu'à l'extérieur il y en a tant qui n'ont pas à manger. » « Ce ne sont pas des enfants de chœur », « Elles peuvent être méchantes entre elles ». Elles commencent à travailler et laissent tomber. Certaines travaillent, s'arrêtent, retravaillent, prennent la place d'une autre ». « Ce matin une détenue partait pour trois jours à l'hôpital avec un paquet énorme. Je lui ai retiré son vernis à ongles qu'elle n'a pas le droit d'emporter, d'après les consignes. Elle trépignait en disant « Mon vernis ! Mon vernis ! ». Si ça avait été un médicament, je comprends, mais un vernis ! Si on commence à leur donner ça – elle me montre le bout du doigt –, après elle vous demande ça – elle me montre tout son bras. Ce propos revient tous les jours. Quelques instants plus tard, une auxi me donne du courrier après l'heure prévue, en me demandant de le donner au rez-de-chaussée. Je le descends à la surveillante qui me dit : « Il fallait refuser, sinon toutes les détenues nous demandent de prendre leur courrier n'importe quand et on ne s'en sortira pas. Une détenue, en partant pour un transfert, avait trois paquets, un carton énorme et deux sacs. Elle est partie avec les deux sacs et elle attendait que je porte le carton. Je lui ai dit que ce n'était pas à moi de le porter. Quand même ! Les deux sacs encore, je veux bien l'aider ».

Ce commentaire illustre que la totale dépendance des détenues vis-à-vis des surveillantes pour la satisfaction de leurs besoins élémentaires place les surveillantes dans une position de bonnes à tout faire pour ces dernières – les surveillants, eux, disent de « boys » des détenus – à laquelle elles tentent de fixer certaines limites.

À part ça, une surveillante dit à une auxi qui ne sait pas tricoter qu'elle va le lui apprendre dans sa cellule un dimanche parce qu'elle aura du temps. Une autre surveillante à laquelle une détenue qui ne sait pas écrire demande de l'aider à remplir ses bons de cantine (sa codétenue ne parlant pas non plus le français) lui assure que lorsqu'elle aura un peu de temps, elle viendra l'aider.

Une scène surprenante : lors d'une fouille de cellule, une surveillante trouve une pièce de 20 centimes. Elle demande à la détenue d'où vient cette pièce. Celle-ci l'ignorant, la surveillante en déduit qu'elle a dû la ramasser au parloir. « Vous ne dites rien, je ne dirai rien et je ne vous fais pas de rapport » lui dit la surveillante. La pièce atterrit dans la bulle. Au moins trois surveillantes remarquent cette pièce et demandent d'où elle vient. À chaque fois, la surveillante raconte son histoire. Puis, passe une détenue : « Oh ! Une pièce de 20 centimes, laissez-moi la regarder, cela fait trois ans que je n'en avais vu ; je ne me rappelai pas qu'elles étaient si grandes ! »

7

Le portique

Je suis aujourd'hui en doublure au portique avec un surveillant. Auparavant moniteur pendant dix ans dans un camp de vacances, il en a démissionné quand ce travail est devenu saisonnier pour entrer à la pénitentiaire, afin d'avoir la sécurité d'emploi et être fonctionnaire. Il me raconte au passage ses difficultés pour trouver un logement que l'administration s'était engagée à lui fournir.

On a déjà vu que ces deux raisons sont invoquées par les surveillantes pour entrer dans cette administration. Elles ont souvent fait avant « des petits boulots » ou ont eu du travail de bureau, par exemple dans les assurances. L'une d'entre elles a passé plusieurs concours et a été reçue à l'Administration pénitentiaire, tandis que trois semaines plus tard elle était reçue au concours de la police.

Arrivent en début d'après-midi des membres du personnel qui travaillent à la Direction régionale, dont le directeur régional qui dispose d'un logement de fonction tout près. Une soixantaine de personnes travaillent à cette direction.

« Il faut fouiller les sacs à l'entrée, sans mettre les mains dedans », m'explique le surveillant. « Il faut surtout savoir reconnaître les têtes quand ils arrivent à dix en même temps, pour marquer leur nom et leur heure d'arrivée et de sortie de la D.R. sur le cahier de la D.R. C'est aussi une forme de pointage. Certains entrent et sortent dix fois par jour. Il faut les connaître pour n'avoir à marquer qu'une seule fois leur nom et leurs heures ». Le surveillant de la porte, près du portique, marque toutes les entrées et toutes les sorties et remplit en principe le cahier de la Direction régionale, mais c'est son collègue du portique qui le fait, connaissant mieux ceux qui y travaillent. Arrivent également les familles pour les parloirs, simples ou prolongés sur autorisation.

Celles-ci, après avoir déposé leurs papiers puis leurs affaires personnelles dans les consignes, apportent le linge propre des détenues auprès de la surveillante de la fouille qui consigne et signe sur un cahier et sur une feuille tout ce qui entre et sort. Celle-ci me dit qu'elle est assez bien installée maintenant avec une petite cuisine, des WC et une douche. « C'est pareil pour le mirador qui était minuscule. Maintenant il y a des vitres pare-balles, des fenêtres, un lavabo, un WC et deux sièges », me dit le surveillant du portique.

Après avoir passé le portique, les familles sont conduites par une surveillante à la porte du parloir. Celui-ci est rempli à une heure précise. En principe les retardataires ne sont pas admis. Mais les surveillants ne « chipotent pas pour quelques minutes et si une famille manque, on en fait rentrer une autre 20 minutes plus tard pour que tout ça soit terminé plus vite ». Le surveillant du portique engueule gentiment son collègue de la porte pour ne pas l'avoir prévenu de l'arrivée d'une famille qu'il aurait pu faire entrer, en gagnant ainsi un tour de parloir.

Arrivent les parents d'une détenue, alors au mitard. S'engage une discussion pour savoir si les parents peuvent voir leur fille. Un détenu placé au quartier disciplinaire a droit à un premier parloir, mais pas au suivant. La mère explique qu'il s'agit du premier parce qu'elle ne peut venir que ce jour-là. Donc elle va pouvoir passer. La sous-directrice arrivant alors, on lui pose la question. Puisqu'il faut appliquer le règlement, elle n'y a pas droit. Cinq minutes plus tard, la mère réexpliquant qu'elle n'a pas vu sa fille depuis qu'elle est au mitard un surveillant téléphone à la sous-directrice qui alors lui donne l'autorisation d'entrer… Arrive ensuite un père en retard. Le surveillant du portique téléphone au gradé de la détention pour savoir s'il peut le faire entrer. « C'est bon pour cette fois », répond ce dernier.

Arrivent ensuite deux énormes camions qui vont entrer par deux grandes portes dont les conducteurs comme les véhicules subissent des formalités multiples et complexes de vérifications et de sécurité.

Les trois heures passées au portique passent rapidement compte tenu de l'activité qui y règne. Je vais ensuite au mirador.

Je vois de là-haut des détenues qui jouent au ballon dans la cour de promenade, côté sport. D'autres sont assises dans l'herbe, au soleil.

Le surveillant du mirador me raconte qu'il a travaillé pendant huit ans au grand quartier. « Ça n'a rien à voir avec ici. Ce sont des grosses peines et des rangées de 165 détenus pour un seul surveillant… J'y ai fait 20 rapports d'incident pour lesquels les détenus ont pris le maximum de mitard. Je préférais laisser passer pour les petites choses, mais ne pas laisser passer les grosses. C'est comme ça qu'on est tranquille après ». Il me dit qu'il est pour une grande sécurité, parce qu'on travaille mieux : « dans les prisons gruyère on ne fait pas du bon boulot, on ne peut faire que du n'importe quoi. Il faut que les consignes soient claires, que les détenus, comme les gardiens, connaissent les limites, les règles à ne pas transgresser. »

Il me dit aussi qu'il est pour la peine de mort : « les condamnés à perpétuité deviennent dangereux. » Il évoque ensuite la première pendaison à laquelle il a assisté – il y en a une par jour ou au moins une tentative au grand quartier –. « J'étais soulagé, ce type était une ordure, prêt à tuer à la moindre occasion ; il devenait enragé… Après, pour les suicides on se blinde, ça ne fait plus rien. »

Il évoque aussi des tentatives d'évasion. Une détenue a réussi à grimper sur le mur d'enceinte, mais comme les surveillants n'arrivaient pas à la faire redescendre, ils y sont parvenus en sortant le fusil. Certaines détenues lancent des serviettes dans les barbelés et essayent de grimper. Mais elles pensent beaucoup moins que les hommes à s'évader. Un Algérien a grimpé à toute vitesse sur le toit, a couru de toutes ses forces, il a sauté par-dessus le mur en prenant son élan de la pendule. Il est retombé de l'autre côté. Il était K.O. Il n'a eu qu'un tassement de vertèbres.

Ce surveillant attend actuellement sa mutation en Corse.

8

La fouille

Aujourd'hui je suis de journée avec Françoise. Je passe une partie de la matinée avec la surveillante de la fouille. Chargée de tout le linge et des affaires personnelles des détenues, c'est une des surveillantes qui marche et grimpe le plus dans les étages de la détention, aux quatre coins de la MAF. Elle aide aussi aux étages quand il lui reste du temps.

Elle nous montre son bureau qu'elle partage avec la monitrice de sport et le surveillant des ateliers. Elle travaille en différents endroits : dans le bureau contigu à la salle d'attente des familles pour les parloirs, dans son bureau et dans le magasin du linge où sont entreposés draps, serviettes, torchons, couvertures, blouses des auxiliaires, avant d'être distribués ou rendus. Il y a aussi le stock des produits de nettoyage, l'équipement pour les indigents, un stock d'assiettes et de bols. Une armoire est remplie de toutes les cantines arrivées et qui n'ont pas été distribuées, les détenues ayant quitté la prison avant de les avoir reçues. Elles servent de stock pour les indigentes, ou pour faire des avances aux entrantes. Au sous-sol dans plusieurs pièces est entreposé le linge des entrantes, avec la grande fouille et la petite fouille des entrantes et sortantes où toutes leurs affaires sont répertoriées. (La petite fouille : les divers papiers en leur possession lors de leur arrivée).

À côté du bureau où il y a les cahiers de fouille signés, il y a une salle de déshabillage et une douche destinées aux entrantes qui sont fouillées à corps.

Leurs affaires sont triées entre celles qu'elles emmènent en cellule – elles ont droit à huit tenues entières – et celles qui restent entreposées dans de vieilles valises de l'Administration pénitentiaire. Quand des détenues demandent des affaires entreposées au sous-sol, la surveillante les y fait descendre. Aujourd'hui deux détenues y sont descendues. Il y a aussi dans ce sous-sol un stock de vêtements donnés par des œuvres charitables. « Souvent les détenues n'en veulent pas, surtout les chaussures, parce qu'elles sont démodées. Alors, au bout d'un certain temps, on liquide. » La surveillante est également chargée des achats extérieurs pour les détenues : les cantines, les produits Yves Rocher ; elle achète surtout à Belle Épine et à Carrefour. Quand des détenues le demandent, elle achète notamment de la laine Phildar.

Au retour à l'étage j'entends une surveillante qui peste parce que la surveillante-chef vient de décider le transfert de plusieurs détenues dans une autre cellule, les unes au même étage, les autres au second étage. « Elle choisit le moment de la distribution des repas c'est-à-dire un moment où on est très occupé. À Fleury-Mérogis, où j'ai travaillé pendant un an et demi, l'organisation était bien meilleure. Les premières surveillantes et la surveillante chef étaient du métier, et travaillaient en coordination étroite avec nous. Ici la chef ne vient pas souvent. Quand elle vient, elle n'est pas à l'aise, elle ne répond ni oui ni non à nos questions. À Fleury, on cavale beaucoup plus, il y a moins de contacts avec les détenues qui sont cinq par cellule, mais l'organisation est meilleure ; ce transfert ne se serait pas fait à Fleury ». La surveillante de l'étage me tient à peu près les mêmes propos : « Il fallait le faire avant ou après la distribution des repas. Il y a en même temps la distribution des régimes, le ramassage des gamelles, la distribution des médicaments ». La surveillante décide alors de prévenir les détenues de faire leur paquetage avant le dîner et leur dire que le déménagement aura lieu après celui-ci. Quelques instants plus tard, contrordre de la première surveillante que j'informe de la décision de la surveillante en descendant un cahier. Finalement les détenues qui déménagent au même étage font leur paquet. La surveillante de l'étage me demande d'assister un moment à leur travail « afin qu'elles s'activent ».

Le déménagement se fera en partie avant la distribution des repas, en partie pendant, puis elles mangeront dans leur cellule, les autres le feront après. Lorsque je m'apprête à amener le chariot du déménagement, la surveillante engage la détenue qui déménage à me rejoindre pour ne pas me laisser accomplir cette tâche. « C'est à la détenue de le faire. » En passant sur la coursive, une détenue, puis une autre me donnent du courrier à transmettre au rez-de-chaussée, parce qu'elles ont laissé passer l'heure. La surveillante me laisse faire. Mais celle du rez-de-chaussée me dit que je n'aurais pas dû me laisser faire parce sinon, toutes les détenues vont en faire autant. Comme je lui demande si je dois le remettre dans la boîte aux lettres en remontant, elle me dit de le laisser…

9

Le Parloir

Je suis d'abord du côté familles. Je les accompagne. On attend des retardataires ; une famille arrivera au cours de la visite. Plusieurs détenues ont un parloir prolongé.

Je suis placée – seule aujourd'hui – dans un petit couloir de huit mètres de long sur un et demi de large, enfermée à clef. Les parloirs ne peuvent s'ouvrir que de mon côté. Il y a sept parloirs rapprochés occupés et un parloir séparé inoccupé. Les détenues peuvent demander ce dernier, ce qui leur évite la fouille à corps. Il semble peu utilisé. Pourtant, par exemple une détenue qui est allée plusieurs fois au mitard pour rébellion contre des fouilles à corps pourrait le demander. Le lui a-t-on proposé ?

Il n'y a pas de téléphone, pas moyen de communiquer avec l'extérieur de ce couloir : je suis bien enfermée. Il faut attendre que quelqu'un passe devant la porte famille pour se faire entendre s'il y a un incident. Je dois rester debout et marcher en faisant des allées et venues le long du couloir pendant toute la durée du parloir. C'est pire du côté des détenues. Il n'y a qu'un œilleton qui ne permet de voir que de l'autre côté de la porte fermée à clef. De quoi se sentir claustrophobe et ressentir un peu ce que vivent les détenues. Le gradé me dit : « Vous regardez, qu'il n'y ait pas d'incident, que les attitudes et comportements soient convenables, qu'il ne se passe rien et vous écoutez ». Quand les détenues sortent, à l'arrivée d'une surveillante qui vient ouvrir la porte pour faire sortir les détenues et la surveillante, la surveillante placée du côté des familles doit attendre d'en avoir reçu le feu vert de la gradée, c'est-à-dire lorsque les fouilles à corps sont terminées. Pendant ce temps-là, les familles restent enfermées au parloir. Ceci fait, on leur fait repasser sous l'appareil qui imprime un signe sur leur main avant qu'elles ne regagnent la sortie.

Lorsque tout le monde est installé et enfermé dans le parloir, un énorme chuchotement s'élève d'un seul coup de partout, pendant ce moment de vie privée où l'on voit la femme avec le mari, la mère avec père et enfant, la fille avec sa mère ou son père, ou ses deux parents, ou bien avec une amie, une collègue. Une visiteuse me prévient qu'elle a des choses désagréables à dire à la femme à qui elle vient rendre visite. « Cette détenue et cette famille il faut s'en méfier. Lui, c'est un ancien détenu ; il est venu avec ses deux enfants, ils sont tous les quatre soudés comme dans un nid. » Au bout d'un moment d'ailleurs je me rends compte qu'elles ne se parlent plus. Plus tard je verrai sortir la détenue visiblement fort déprimée. J'entends des bribes de paroles : un père parle de déshonneur, j'entends parler de besoin de vêtements, beaucoup de mandats, de problèmes de loyers, de travail, de temps disponible pour les visites… De l'autre côté on entend moins bien, ou bien je me suis bouché les oreilles et j'ai envie de pleurer.

Je suis à l'étage après le parloir, où je croise la surveillante de sport qui vient enfermer les détenues qui rentrent du sport. Elle me dit que lorsqu'elle travaille en détention, elle sent comme un énorme poids qui lui tombe sur la tête et les épaules. Elle le ressentait plus fort encore au début. « Ce poids je le ressens, mais je n'arrive pas à identifier ce qui pèse ». Elle n'est pas la seule à évoquer ce poids. Un surveillant me disait qu'au début il rêvait tout le temps de son travail et qu'il avait toujours peur de ne pas faire ce qu'il fallait. Une première surveillante, lors d'une nuit me dit qu'avant de rentrer chez elle, elle récapitule ce qu'elle avait à faire et si elle n'a rien oublié, en particulier les éléments d'information à transmettre aux surveillantes de l'équipe suivante. Il lui arrive même de téléphoner à sa collègue de chez elle pour lui parler de ce qu'elle a oublié. « On a du mal à décrocher vraiment. »

La surveillante de sport regrette l'époque où elle travaillait en centrale parce qu'elle travaillait mieux avec les détenues. Ici il y a trop de passages et elle ne parvient à quelque chose qu'avec l'équipe des détenues qui travaillent pour l'entreprise médicale. Elle déplore aussi de ne pas disposer de salle de gymnastique en raison des travaux qui vont encore durer des mois.

Cet après-midi les travaux sont particulièrement bruyants. Du premier étage on n'entend pas les ordres du rez-de-chaussée. Les surveillantes doivent crier pour se faire entendre. On n'entend pas plus le téléphone lorsqu'il sonne à l'étage et qu'on utilise dans l'espoir de se faire entendre.

Deux détenues me demandent si elles peuvent passer à deux entrantes, à l'étage en dessous, qui n'ont rien, du café, du chocolat et des cigarettes. La surveillante que je suis en doublure leur répond : « Si c'était à mon étage, pas de problème, je serais d'accord, mais avec la surveillante qui est à l'étage en dessous, ce n'est pas possible ». Elle laisse alors l'une des deux détenues sortir de sa cellule pour qu'elle se rende compte par elle-même de qui il s'agit. « Ah oui, avec celle-ci, je comprends ! »

10

Surveillante d'étage. Matin-nuit

Aujourd'hui c'est le premier jour où Françoise et moi ne sommes plus en doublure et sommes responsables de notre étage. Un surveillant m'avait prévenu : « les premiers jours où on est lâché seul à un étage on dort très mal, la responsabilité est tellement lourde ! ». C'est vrai que je n'ai dormi que quatre heures tant je suis angoissée par l'idée de cette responsabilité. C'est la peur de créer du désordre, de créer des incidents, la peur qu'on remarque que je ne tiens pas en main mon étage. De ce point de vue j'ai peur tant de la hiérarchie que des détenues. La matinée passe d'ailleurs rapidement tant je suis talonnée par la hantise de commettre des bévues quant au rythme du mouvement, quant à la sécurité. J'ai peur de me paniquer, de ne pouvoir garder ma disponibilité vis-à-vis des détenues, seule et étroite légitimité de ce travail.

Après l'appel des surveillantes, dans la salle des vestiaires du personnel à 7 heures moins le quart, je monte au deuxième étage. La première tâche est le contrôle de l'effectif et en même temps la distribution du courrier. Les auxiliaires ont déjà été réveillées par la surveillante de nuit à 7 heures moins le quart. Je les sors de leur cellule en voyant leur drapeau, ou, plus exactement, parce que l'ordre m'en a été donné du rez-de-chaussée.

L'une d'entre elles veut bénir ma clef pour me porter chance. J'ai un moment d'hésitation. Je n'ai pas le droit de me dessaisir de ma clef. « Ne vous en faites pas » me dit-elle tandis qu'elle me la bénit, pendant que j'en tiens un bout dans la main, elle l'autre bout.

Je dois en même temps m'occuper du premier tour des douches. Aujourd'hui je dois le faire en partant du fond de la coursive jusqu'à la première passerelle. Mais je ne sais pas si les travailleuses du côté pair y ont droit. Il y a litige ou sous-information pour savoir si elles ont droit à deux douches ou une. Mais aujourd'hui elles ne travaillent pas parce que le matériel ne leur a pas été livré. Je leur demande cellule après cellule si elles prennent leur douche. Une sur deux dit oui, les autres allant au sport la prennent en en revenant. Il faut se rappeler qui prend sa douche ou pas pour le marquer sur le cahier des douches. Une surveillante dispo vient m'aider pour le deuxième tour de douches. Elles y vont huit par huit et le compte est bon pour les deux tours… La surveillante dispo ouvre les portes avec moi parce que je perds du temps à comprendre les explications de chacune pour savoir si elles la prennent ou non et pourquoi non et je le note sur mon calepin.

Je commets alors une faute professionnelle grave en oubliant ma clef dans la serrure de la porte de la cellule d'une détenue, ayant été interrompue dans ma tâche par un appel du rez-de-chaussée (il faut se pencher au-dessus de la balustrade pour entendre les ordres venus d'en bas), pour noter qu'une détenue doit être prête à partir pour l'hôpital à neuf heures moins dix. Une surveillante me rapporte ma clef en me disant : « heureusement que la gradée n'a rien vu ! » Un peu plus tard, en me penchant de nouveau au-dessus de la balustrade, je rattrape de justesse ma clef qui était en train de glisser de ma poche. J'imagine avec horreur le bruit qu'aurait fait cette lourde clef en atterrissant au rez-de-chaussée au beau milieu de la détention, devant tout le monde ! À un autre moment, en remplissant le cahier d'effectif je pose ma clef sur la table placée en bout de coursive contre la palissade et j'oublie de la reprendre. C'est une auxi avec laquelle je m'entends bien qui me la rapporte discrètement. Depuis, cette maudite clef ne quitte plus ma main et je ne l'oublierai plus.

J'ai perdu du temps pour la distribution du courrier et de l'eau chaude, et les détenues sous la douche prennent leur temps, ce qui veut dire que l'eau chaude à distribuer va être froide. Heureusement, l'auxi présente a les pieds sur terre. Elle sait dans quelles cellules on apporte l'eau chaude et celles des détenues qui ne prennent pas de douche. Je lui ouvre les portes, les douches n'étant pas terminées. Une dispo monte les médicaments et les distribue. Heureusement, sinon je perdrais un temps fou, d'autant que les douches n'en finissent pas et qu'on me demande de presser le mouvement. Arrive la distribution du petit déjeuner et il faut que tout soit terminé pour la promenade de 8 heures 30. La sonnerie de la promenade se fait entendre juste quand j'ai terminé. Le côté impair sort en premier. Dans l'état de stress où je suis, j'oublie de me fier aux drapeaux pour savoir qui y va et je le demande à chaque porte. Je perds donc du temps. J'ouvre les cellules pour les quatre premières détenues, qui prennent le temps de lasser leurs chaussures, de prendre les pull-overs ou les livres qu'elles ont oubliés en cellule, en perdant encore du temps. Puis j'ouvre les cellules suivantes jusqu'à la passerelle. J'ai compté 9 détenues, mais ne suis pas sûre de mon compte, ayant été interrompue par une demande. « 10 » me crie la surveillante du rez-de-chaussée dans le tintamarre ambiant. J'acquiesce et file noter le bon nombre sur le cahier d'effectif. Il y a une chaise, devant la table sur laquelle les surveillantes peuvent s'asseoir pour souffler. Elles ont obtenu cet avantage depuis très peu de temps, ayant jusque-là l'obligation de rester debout pendant toute la durée de leur service. Mais je n'ai pas le temps de souffler. Je remplis aussi le cahier des douches. Je me rends compte alors que je ne sais pas si l'une d'entre elles la prise ou non. Je vais le lui demander ; c'est non parce qu'elle se lève très tôt et a déjà fait sa toilette. La surveillante dispo arrive alors et lui dit : « Mais depuis quand n'en avez-vous pas pris, ça fait plusieurs tours de passés ? » « Mais, je me suis déjà lavée et habillée ! »

Embarras de la surveillante. « Bon on fera comme si vous l'aviez prise, puisque vous vous êtes lavée ». Elle la regarde des pieds à la tête et, comme elle n'est pas la crasse personnifiée, je vais noter sur le cahier qu'elle l'a bien prise et en profite pour marquer l'effectif à l'ouverture. N'ayant évidemment pas compté comme il aurait fallu le faire, je recopie l'effectif précédent, mais, néanmoins, lorsque l'auxi avait ouvert les verrous j'avais vérifié que toutes les cellules étaient occupées avec vérification des étiquettes sur les portes. La monitrice vient chercher les détenues qui partent au sport avec elle. Je compte sur mes doigts leur nombre en la suivant. Je dois noter leur nom. Pour la promenade le nombre de celles qui y vont suffit. Depuis la promenade il y a des appels pour l'assistante sociale, pour l'avocat, les détenues qui partent pour l'association Faire et qui doivent remonter à 11 heures quarante. Je me rappelle que la détenue qui part à l'hôpital doit sortir maintenant à 9 h moins 5. Je vais de nouveau la prévenir tandis que les auxis remontent de leurs courses entre les étages. Je vais ouvrir leur cellule et les boucler en sachant à quelle heure elles doivent ressortir. La surveillante dispo m'aide. Lorsque la première promenade remonte, elle me dit de commencer tout de suite la sortie pour la seconde promenade, de l'autre côté de la coursive. Je vais chercher les trois peintres qui travaillent à l'extérieur. Je le marque sur le cahier tandis qu'on me demande de sortir deux détenues pour l'infirmière.

Ici on entend tout et on voit tout. C'est presque le panoptique imaginé par Bentham. J'entends Françoise se faire reprendre plusieurs fois depuis le rez-de-chaussée. À l'étage au-dessus on me voit moins bien, mais les surveillantes se rendent bien compte que je suis débordée et viennent m'aider.

Je dois maintenant distribuer deux notices à l'ensemble des détenues, l'une qui explique les cours auxquels elles ont droit, l'autre les emplois du temps des cours. Il manque deux notices et quatre tableaux. Je note sur mon calepin celles qui ne les ont pas reçus. Deux détenues étant appelées pour l'association, l'une me dit au passage qu'elle ne sait comment remplir son formulaire de location de télévision. Elle doit changer de cellule pour être avec une codétenue qui va suivre les mêmes cours qu'elle. Je lui explique comment faire et d'en parler à la monitrice de sport qui s'occupe aussi des télévisions. Une autre me dit que son poste marche mal. Je vais parler des deux situations à la monitrice. C'est aussi la distribution du linge dont est chargée la surveillante de la fouille. Je m'aperçois que toutes n'ont pas déposé leur linge, parce qu'elles étaient ailleurs. Je passe leur demander de le faire lorsque je distribue le petit déjeuner, puis lors de la remontée de la première promenade. Une détenue à la réception de ses draps me montre une taie déchirée et « des draps sales, avec toutes les maladies qu'on peut attraper ici ! Et je ne voudrais pas qu'on m'accuse d'avoir esquinté ma taie ». J'en parle à la surveillante de la fouille, les détenues ayant le droit d'avoir d'autre linge dans ces cas-là.

« Encore elle ! Elle fait toujours des histoires » s'écrie-t-elle. Elle lui changera quand même son linge.

Une détenue m'appelle pour me demander pourquoi elle ne reçoit pas son courrier. Elle attend plusieurs lettres qu'elle aurait dû recevoir depuis plusieurs jours. Elle dit avoir demandé des explications à plusieurs surveillantes, aux gradées et à la surveillante-chef. « Je lui ai écrit il y a cinq jours et je n'ai toujours pas de réponse et on m'a perdu des timbres ». « Combien de timbres ? », je lui demande. Deux me répond-elle en souriant. « Qui s'occupe de la censure ici ? Je vais écrire à mon avocat. Ça ne va pas en rester là. Je vais écrire à la Directrice, mais je sais qu'elle ne me répondra pas davantage. »

Je lui confirme que son courrier a été arrêté par la censure et que je ne sais pas pourquoi. (Comme il est demandé au personnel de répondre à cette question), pas plus que je ne réponds à sa question concernant ceux qui exercent la censure. Je trouve gênant et honteux de dire que ce sont précisément les surveillantes, donc moi entre autres, même si je réponds comme il m'a été prescrit de le faire.

« Ici c'est pire qu'un camp de concentration ! » s'exclame-t-elle, tandis que sa codétenue renchérit et se plaint de ce qu'une de ses lettres soit arrivée avec un jour de retard. J'explique que le courrier est distribué le lendemain de son arrivée, excepté le courrier des autorités qui doit être distribué le jour même, qu'il est acheminé auparavant par le vaguemestre et qu'un jour de retard peut être un minimum de retard. Et j'ajoute que je vais en parler à la gradée. À ce moment-là arrive pour elle une partie du courrier arrêté par la censure que je vais lui porter, ce qui m'évite d'autres explications.

Six détenues sont appelées pour voir Sœur B., dont une auxiliaire qui a sa distribution d'eau chaude à effectuer. J'appelle. On me répond qu'elle n'en a que pour quelques minutes. Je les fais descendre et constate que sur ma liste figure une détenue qui n'est pas à l'étage. Je le crie au rez-de-chaussée. Elle a déménagé à l'étage au-dessous.

Je dois faire constamment attention aux divers comptages avec heure de départ et d'arrivée, en suivant des yeux les différents mouvements qui ont lieu au rez-de-chaussée d'un bureau, d'une salle à l'autre, d'une porte à l'autre, pour comprendre pourquoi il en remonte moins que celles qui sont descendues, pour quelle raison, depuis quelle heure et jusqu'à quelle heure. Je dois d'ailleurs téléphoner pour savoir où vont trois détenues qui ont été appelées sans qu'on me dise pourquoi.

La monitrice de sport vient me donner la liste des détenues qui vont partir au sport de 12h 30 à 13h 30, avec les numéros de cellule correspondant pour que je sache quelles portes ouvrir. Cela concerne plusieurs détenues ainsi que les auxiliaires. Celles-ci y partent lorsqu'elles ont fini de distribuer les repas, les régimes, ramassé les gamelles et mangé elles-mêmes. Elles ont droit d'avoir un réchaud en cellule afin de manger leurs repas chauds.

Il y a une note de service sur laquelle est écrit en grosses lettres que les régimes doivent être servis chauds, ce qui implique que la distribution des repas ordinaires qui se fait avant celle des régimes soit menée au grand trot.

Deux détenues redemandent si elles peuvent passer aux nouvelles arrivées, café, chocolat et cigarettes. La surveillante de la veille, aujourd'hui dispo, refait ce qu'elle avait fait la veille : elle regarde qui est à ce moment à la table à l'étage en dessous. C'est la même qu'hier : « Avec cette surveillante, ce n'est pas possible et vous savez qu'il est interdit de passer des choses d'un étage à l'autre » leur dit-elle. Une détenue néanmoins me demande si je peux transmettre à une autre des timbres à l'étage en dessous. J'accepte parce que ce sont des timbres. Je les passe à Françoise à l'étage en dessous. La surveillante de son étage regarde attentivement ce que nous sommes en train de faire.

Une autre détenue me demande de passer du café d'une cellule à l'autre. Je réponds qu'étant débordée elle mette son drapeau et que je repasserai quand j'aurai fini ce que je suis en train de faire. Mais comme elle me dit que c'est pour la cellule à côté je la laisse faire.

Pendant toute cette matinée l'auxi, Mme D. m'a beaucoup aidée, me disant à quelle heure je devais aller lui ouvrir, où j'en étais, là où je me trompais, me disant discrètement de refermer telle cellule restée ouverte, ou de fermer les douches quand elles sont terminées, ou encore de couper l'eau si elles durent trop longtemps. Comme je coupe l'eau, une détenue me crie : « On n'a pas fini, on est pleines de savon ! » Je rouvre et repasse un peu plus tard leur demander si elles ont terminé. « Il faut les activer un peu plus ! » me dit l'auxi. Je ne veux pas, parce que je ne veux pas les stresser ni me reprocher de les stresser. Elle me regarde avec un petit air amusé.

Les surveillantes dispo n'auront pas été de trop. Je fonctionne comme un zombie, un moment paniquée à l'idée que je suis débordée, mais c'est assez visible pour que des surveillantes viennent m'aider. Quand j'ai un peu de temps, je prépare ma feuille d'effectifs pour 13 heures en notant quelques éléments, mais alors arrivent de nouveaux ordres : distribuer le courrier des autorités, ramasser les feuilles de cours distribuées une heure auparavant. Dans le courrier figure un nom illisible et je dois demander au RDC de qui il s'agit. Je cours aussi à l'autre bout de la coursive récupérer un courrier arrivé d'abord au mauvais étage. Concernant les feuilles de cours, plusieurs détenues me disent qu'elles ne comprennent pas de quoi il s'agit. Moi non plus. Il n'y a aucune explication. Comprenant qu'il s'agit d'une réunion d'information, je leur conseille d'y aller, qu'elles ne s'engagent pas en y allant et que si ça les intéresse, il serait dommage de perdre l'occasion de suivre un cours donné par un professeur d'Université, même si on ne sait pas quelle matière il enseigne.

Le temps filant, je constate que je n'aurai pas fini mon travail pour la relève. Une surveillante vient remplir mon cahier d'effectif. Le cahier de mouvements arrivant à sa fin, j'en demande un autre par téléphone. On me répond, en attendant, d'écrire sur une feuille volante que je n'ai pas et qui arrivera un peu plus tard ; et je dois recopier sur celle-ci la moitié de ce que j'avais déjà écrit.

Il ne manque qu'une détenue sur l'effectif, une détenue en fait déjà bouclée par une autre surveillante, celle du rez-de-chaussée ayant oublié de me prévenir de sa remontée.

La matinée a passé vite. Je n'ai pas ressenti ce mortel ennui qui, pratiquement tous les jours, me saisit face à l'inanité et à la monotonie d'une mission très répétitive dont on attend d'abord qu'il ne se passe rien. Pendant ce stage je regarderai très souvent ma montre – un moyen de travail indispensable – : les journées, depuis le premier jour, me paraissant interminables. Au moins le fait d'être débordée et de parcourir des kilomètres fait-il passer le temps plus vite. Il y a eu quelques temps morts, mais surtout des moments de débordement au début et à la fin du service, lorsqu'on est content de voir celle-ci enfin arriver. C'est comme ça ici la plupart du temps.

On m'a dit que j'avais été lente dans mon travail parce que j'avais souvent travaillé en doublure avec une surveillante considérée comme lente.

Nous sommes ensuite en **service de nuit**. Je suis affectée au deuxième tour, c'est-à-dire du début du service jusqu'à

3 heures du matin, puis réveil à 5h 45. Le premier va du début du service jusqu'à 2h du matin, puis lever à 6 h. Le troisième jusqu'à 11 h et réveil à 6 h.

La surveillante N. que nous connaissons bien, affectée au troisième tour, décide de rester avec nous jusqu'à 2 heures du matin, par gentillesse vis-à-vis des débutantes et parce qu'il y a beaucoup de travail. La première surveillante décide elle aussi de rester jusqu'à 2 heures du matin, sans doute pour les mêmes raisons.

Françoise et N. effectuent ensemble les premières rondes à l'intérieur de la détention en pointant dans les six boîtes de pointage. Les détenues sont dans leur lit, rien n'obstrue les fenêtres. A lieu ensuite la ronde dans les sous-sols et à l'extérieur. (il faut être obligatoirement deux pour l'extérieur et les sous-sols, ce qui explique les chevauchements d'horaires entre les trois tours), puis la ronde d'écoute : « On peut apprendre beaucoup de choses intéressantes » me dira plus tard la gradée.

Ce soir il y a huit détenues à surveiller particulièrement, pour raison médicale, à la demande du juge, de la directrice, ainsi que les entrantes.

Pendant les rondes, je fais l'essentiel de la censure, parce que Françoise et N. ont pris du retard dans leur ronde intérieure en raison de problèmes de néon qui ne fonctionnent plus dans deux cellules. À notre arrivée, la responsable d'un étage nous dit qu'elle n'a pas eu le temps de trier le courrier en raison de multiples changements de cellule qui ont eu lieu au moment de la distribution des repas et occasionné de ce fait de multiples embouteillages sur les coursives fortes étroites, empêchant les surveillantes de travailler : « Ne croyez pas que ce soit de la mauvaise volonté, je n'ai vraiment pas pu », nous dit-elle. « Ne t'en fais pas », répond la surveillante, « on sait bien ». Suivent des commentaires acides sur ces changements de cellule, toujours décidés lors des mouvements qui, selon le règlement, exigent d'être effectués au trot.

La lecture des lettres des détenues, lues à la file, est très oppressante. Certains termes reviennent dans presque toutes celles-ci : telle la répétition de phrases comme « j'essaye de ne pas me laisser aller à trop penser, « j'essaye de ne pas trop ressasser », « j'essaye de ne pas trop me prendre la tête. » De nombreuses détenues manifestent une grande angoisse dans l'attente du jugement, ou se disent au bord du gouffre, s'accrochent à leur codétenue, souvent d'une grande aide. Nombreuses sont les lettres où est évoquée cette entraide. Mais l'une d'elles raconte s'être fait bien escroquer par sa codétenue libérée. Une autre annonce qu'elle va faire payer cher celle, dans la même affaire qu'elle, qui l'a trahie. C'est aussi l'espoir dans l'avenir et d'une nouvelle vie à la sortie, histoires de jalousies, de trahisons, de parloirs difficiles… Évidemment pratiquement rien sur les surveillantes ou autres professions travaillant en prison, compte tenu de la censure ; très peu de lettres de détenues à leur mère, sinon une lettre fort émouvante d'une fille à sa mère en prison. Si les détenues s'entraident, cela n'empêche pas, me dit une surveillante, qu'une détenue puisse préférer se confier à une surveillante plutôt qu'à sa codétenue si les rapports sont de respect mutuel.

Pendant ce temps-là, Françoise et la gradée sont allées chercher des néons, mais le voltage n'est pas le même d'un étage à l'autre, et après de vains efforts de bricolage, elles reviennent à la bulle. Elles repartent pour la ronde extérieure. Pendant que je suis seule dans la détention avec la clef de celle-ci, deux drapeaux claquent dans le silence. Deux détenues me signalent qu'elles non plus n'ont pas de lumière. Je leur dis qu'on va s'en occuper. Cela fait – elles n'auront pas de lumière avant demain, les nouveaux néons ne marchant pas – nous allons à la cellule d'une détenue qui demande une surveillance particulière, ce qui suppose qu'on allume dans sa cellule. Nous nous apercevons que la lumière n'y fonctionne pas non plus. Après être descendues chercher un escabeau, un néon, être redescendues chercher une torche qui tombe et ne fonctionne plus, être redescendues encore chercher quelque chose qui fasse office de tournevis, essai de pose du néon. Après maints essais, abandon. La gradée décide alors de changer de cellule les deux détenues de cette cellule. Il est plus de minuit. Elles emportent avec elles leur literie, un verre pour boire et, la détenue malade et âgée, ses médicaments. Nous les aidons à déménager.

Nous continuerons la censure ainsi que le tri du courrier jusqu'à deux heures du matin, alors qu'en général il est terminé à 11 heures. Le surveillant de la porte appelle la gradée pour lui dire qu'elle a oublié de faire la fermeture. Je classe le courrier, étage par étage, côté pair, côté impair, nombre croissant ou décroissant selon le côté pair ou impair de façon à ce que chaque surveillante n'ait à faire qu'un seul tour de coursive lors de sa distribution.

Pour le courrier en partance, N. vérifie qu'il n'y a pas de courrier à retirer au préalable ; cependant j'ai déjà cacheté les lettres et toutes les détenues ne marquent pas leur nom. L'une a écrit au dos de son enveloppe : « censure n° 2 ». N. sachant quelles sont les détenues dont le courrier doit être lu au préalable par la directrice, je peux retrouver leurs lettres. Elles n'ont pas écrit. Comme il y a beaucoup de courrier en partance, je me dis que c'est un signe de vitalité de leur part et qu'elles réussissent à maintenir le contact avec l'extérieur. Mais je dis à la gradée que m'inquiète une détenue qui a écrit dans une lettre qu'elle envoie de moins en moins de courrier. Je lui parle aussi de celle qui se sent au bord du gouffre. Elle connaît cette dernière depuis neuf ans, vite abattue, mais qui parle suffisamment pour que la psychiatre l'ait vue. « On peut toujours se tromper, mais je pense qu'elle n'est pas du type à se suicider », dit-elle. Elle ajoute qu'elle ne comprend pas pourquoi on ne lui trouve pas un autre travail que celui qui se prête à commettre ses délits – des faux en écriture. « C'est une manie, il faudrait la soigner pour ça, pour qu'elle arrête de gâcher sa vie depuis neuf ans en prison ». Elle raconte qu'elle a confié une toxico à sa codétenue également toxico, mais désintoxiquée. « Celle-ci a compris qu'on lui faisait confiance et elle s'en est très bien occupée. Il n'y a qu'un toxico qui puisse comprendre un toxico. La toxicomanie c'est très dur, on souffre énormément. Il paraît que c'est aussi horrible que les coliques néphrétiques et ça rend très agressif. Elle s'en est elle-même bien tirée. Elle nous a écrit trois fois après sa sortie. C'est comme soigner une détenue qui va mal, comme Mme R., c'est très lourd, mais c'est aussi gratifiant ». Elle évoque la nuit ici. « C'est la nuit qu'on y pense et qu'on sent le poids de l'enfermement ».

N. et la première surveillante vont se coucher à deux heures et je reste seule avec Françoise. Après avoir effectué une ronde en détention avec le mouchard, nous partons effectuer la ronde à l'extérieur. À 8 heures du soir, ça va. À 3 heures du matin, on repère moins les lieux, tous les murs se ressemblent et il n'est pas inutile de pointer deux fois pour ne pas en oublier, parce qu'avec les travaux, cela peut facilement arriver. Un boîtier manque ! Mais je trouve un fil avec une clef attachée à la rampe de l'escalier. La clef correspond au boîtier. J'ai compté les boîtiers avec mes doigts, mais Françoise, qui me parle et qui ne compte plus, n'est pas d'accord avec mon compte. Or le dernier boîtier est très loin du précédent. Donc pas le temps de revenir en arrière ; nous espérons que le compte est bon…

Bref échange avec le surveillant du mirador, qui évoque l'inutilité dans cette prison du mot de passe, vu que tous les membres du personnel se connaissent. C'est justifié dans les grandes prisons. Cette règle a été imposée après que des détenus aient assommé des surveillants et pris leur uniforme. C'est ainsi que chaque incident nouveau crée une règle de sécurité nouvelle qui vaut pour tous les établissements.

Lorsque je vais me coucher à mon tour, avant d'être relevée, je vais dans le local prévu à cet effet. C'est une cellule de détenue, un peu plus grande que les autres, située au rez-de-chaussée dans la partie en travaux, pleine de poussière, de gravats, de choses diverses qui traînent par terre. Je mets beaucoup de temps à m'endormir en pensant à celles qui sont enfermées au-dessus de moi… Ceci montre au passage comment l'administration traite ses personnels. (Les formateurs rappellent et répètent aux élèves surveillants qu'ils ne doivent pas comparer leur situation à celle des détenus, mais comment l'éviter quand l'administration les traite de la même manière ?) « Les surveillantes, on s'en fout », me dit cette nuit-là une surveillante. « Avec tout le bruit qu'il y a en ce moment dans la détention, on aurait au moins pu monter la palissade qui sépare l'aire des travaux de la détention, pour nous protéger des courants d'air, du froid, du bruit et de la poussière. Les deux surveillantes aux étages ont leur poste de travail juste contre cette palissade qui n'existe plus. Il n'y a plus que la balustrade ».

Je dois dire que si cette première journée comme surveillante a été éprouvante par le stress qui l'a accompagnée d'un bout à l'autre, j'ai pu apprécier le soutien efficace, discret et continu que m'ont apporté les surveillantes présentes ce matin et cette nuit, tout comme celui des détenues, une auxi en particulier.

11

Dimanche après-midi

Comme généralement le dimanche, la détention est calme et plutôt détendue en raison de l'absence de la surveillante-chef et de la direction. Il y a moins de mouvement, la présence des « intervenants extérieurs » étant plus limitée. En outre les scies électriques et les marteaux-piqueurs sont aussi de repos.

Il y a eu beaucoup de changements de cellule ces trois derniers jours, sept sont prévus pour cet après-midi. Une auxi avec laquelle je m'entendais bien et qui va suivre des cours est remplacé par une autre détenue, elle aussi sympathique. Il y a plusieurs détenues interdites de communiquer entre elles.

Je fais mon effectif après avoir effectué mon contrôle avec les étiquettes et l'œilleton. À 13 heures 30 a lieu la promenade prévue pour jusqu'à 17 heures. Demandent à sortir 34 détenues. Je compte dans ma tête, mais, comme toujours à ce moment-là, des détenues m'adressent différentes demandes. L'une me demande de mettre dans la boîte aux lettres une lettre qu'elle n'a pas fini de rédiger. Je lui réponds de mettre son drapeau lorsqu'elle aura terminé.

Une détenue arrivée vendredi soir me demande de venir la voir. Elle a plusieurs questions à me poser sur le fonctionnement de la détention, une autre me dit avoir mal à la tête, et il manque à une autre des anneaux pour son travail en cellule. Il y a aussi celles qui, en sortant, ont oublié de prendre différentes choses avec elles et me demandent de revenir pour aller les chercher et celles qui n'ont pas entendu le klaxon annonçant la promenade. « D'habitude on attend beaucoup, aujourd'hui on nous fait presser », rouspète une détenue. Je me suis trompée dans mon compte : le rez-de-chaussée m'annonce 34 et j'ai compté 33. Je dois refaire le tour de la coursive deux fois pour compter celles qui restent en cellule afin de retrouver le bon compte.

Au bout d'une heure et demie, dix détenues qui en ont assez de la promenade remontent. Pendant la promenade je réponds aux demandes qui m'ont été faites. Je mets la lettre terminée dans la boîte aux lettres, me renseigne pour les anneaux qui manquent. Il lui faut attendre lundi et en parler au surveillant atelier. Je vais porter l'aspirine qu'on me monte du rez-de-chaussée par le yoyo et je vais voir la détenue qui veut me parler. C'est un grand déballage, une grande confession, une multiplicité de questions. Je vais rester devant le seuil de sa cellule pendant plus de deux heures, avec plusieurs interruptions pour mener à bien mes autres tâches. Pendant tout ce temps, il m'arrivera à plusieurs reprises de jeter un coup d'œil du côté du rez-de-chaussée afin de m'assurer que je ne suis pas surveillée de trop près. D'ailleurs la surveillante du rez-de-chaussée, à un moment, sortira de sa bulle pour voir ce que je fais depuis si longtemps plantée à cet endroit, en me lançant un regard fort courroucé.

Ce sont d'abord les questions : comment faire pour travailler, pour son pécule, l'avocat, son logement, comment faire pour récupérer sa montre, laissée à la fouille, pour la bibliothèque, obtenir de la laine. Elle me dit être sous le choc de son arrestation et complètement perdue. Elle est arrivée avec trois sous en poche, sans autres vêtements que ceux qu'elle avait sur elle. Comment faire pour communiquer avec son mari, lui aussi en prison, dont elle est accusée d'être la complice. Comment faire pour voir le médecin, le psychiatre, l'avocat. Je réponds point par point comme je peux. Pour la bibliothèque je vais chercher le catalogue, lui dis d'écrire ce qu'elle veut emprunter. Elle veut un livre de droit pour savoir à quel type de peine elle doit s'attendre. Pour les vêtements, je lui dis d'en parler à la surveillante de la fouille, de même pour sa montre. Elle voudrait obtenir de la laine. Est-on obligé de passer par Phildar ? Je ne sais pas ; elle devra demander. Pour le travail je me renseigne pour savoir s'il y a un mémento présentant les différentes possibilités. Il n'y en a pas et la surveillante du rez-de-chaussée me dit de lui parler des trois types de travail proposés : service général, travail en cellule, atelier. Je vais également chercher les papiers pour les cours distribués il y a trois jours et qu'elle a déjà reçus. Mais elle est trop vieille pour la formation de coiffeuse. Je lui dis que les détenues estiment que le travail en cellule est mal payé. Pour le travail au service général je lui dis qu'il est très mal payé – elle voudrait envoyer de l'argent à ses enfants, espère pouvoir garder la maison qu'ils achètent à crédit depuis peu –, mais qu'il a des avantages : allées et venues dans la détention qui permettent aux auxis de sortir souvent de leur cellule, plus de liberté dans le travail. Je lui dis aussi que les détenues qui y travaillent sont plus toniques et en forme que les autres. Sur le conseil de la surveillante du rez-de-chaussée, je lui dis d'écrire à la directrice pour lui manifester son intention de travailler et que la surveillante-chef la recevra. Mais elle a déjà été reçue par cette dernière a ajouté la surveillante… Je lui conseille de demander à voir l'éducateur pour ce qui concerne ses questions d'argent, de logement, d'enfants, d'avocat. Je lui suggère d'essayer de sérier les différents problèmes, de ne pas les ressasser tous à la fois et dans tous les sens. Bref j'essaye de l'encourager avec du simple bon sens.

Cette femme vient de faire la liste devant moi de la plupart des questions que se posent les détenues à leur arrivée. Peut-être rassurée, ou simple besoin d'en parler, elle vide alors tout son grand sac, raconte qu'elle a été arrêtée pour complicité de viol, à plusieurs reprises, de leur fille par son mari. Celle-ci les a dénoncés, « poussée par son petit ami flic ». Elle tombe des nues, ne comprend pas que leur fille, l'enfant qu'ils aimaient le plus, ait pu les dénoncer. Elle ne le lui pardonne pas, dit-elle avec colère.

Elle évoque ensuite la brutalité des policiers venus les arrêter : coups, injures très graves à son mari mis à genoux. Il a des prothèses dans les deux jambes, est malade. – Elle s'inquiète pour lui des étages à monter en prison – . Son fils présent a été lui aussi très violemment battu. Un policier lui a dit que dans un autre pays on la pendrait tout de suite. Elle précise : « le flic avait les yeux exorbités, fous, il me criait des injures d'ordre sexuel ». Puis elle évoque le fait qu'elle n'a pas mangé depuis trois jours, n'a pu prévenir personne, ni passer chez elle prendre des affaires.

Elle aborde alors les faits. (Je résume). Gardiens dans un grand ensemble, ils étaient elle et son mari sur une pente descendante et « buvaient pas mal tous les deux pour tenir le coup » à cause, entre autres, des problèmes de santé importants de son mari. Elle évoque sa famille à elle qui n'aime pas son mari et ne les aidera sûrement pas maintenant, par contre elle pense que ses parents l'aideront. Leur fille fragile depuis l'enfance, adorée de son père, son dieu, qui entrait toujours dans leur chambre quand, nus, ils s'apprêtaient à faire l'amour : « C'était plus fort qu'elle ». Leur fille, trop aimée, trop gâtée, qui était toujours collée à eux. Puis les quatre fois où… Elle avait 14 ans au moment des faits, elle en a 17 aujourd'hui et habite dans un foyer. Elle parle de la copine de leur fille qui prétend qu'elle a subi le même sort, ce qu'elle nie. Elle raconte aussi que lorsque son mari a eu ses prothèses, ses deux fils et elle lui massaient les hanches tous les soirs sur son lit alors qu'il était nu. Elle termine le sujet des faits en s'écriant : « Quand je pense que c'est la plus aimée qui nous a dénoncés ! » Elle ajoute : « On me dit que j'ai commis un crime. Je ne comprends pas ; je ne comprends pas ce qui nous arrive. Je n'ai pas tué, je n'ai pas volé. Qu'est-ce qu'on a fait de si mal ? Cette enfant que nous aimions tellement ! Elle était consentante ! ».

Je lui dis que l'attend un long travail pour comprendre tout ce qui s'est passé pour sa fille et qu'elle devra lui pardonner et accepter le fait de les avoir dénoncés. J'ajoute qu'elle devra peut-être se faire aider pour comprendre.
« Oh, c'est sûrement pas maintenant », s'écrie-t-elle.
« Peut-être un jour, si vous voulez renouer avec votre enfant ». J'insiste assez longuement sur ce thème.

Elle revient sur les problèmes financiers de la famille, de l'un de leurs deux fils qui ne pourra pas les aider, de sa peur de perdre leur logement de fonction.

Elle me dit aussi qu'elle n'a pas encore été à la promenade parce qu'elle sait que ce type de délit est mal vu et que les autres détenues risquent de lui tomber dessus. Elle avait aussi besoin de rester seule pour penser à tout ce qui leur arrive.

Je lui dis de commencer par le plus urgent : l'avocat, l'éducateur, la lettre à la direction pour pouvoir travailler ; je l'encourage à faire de l'exercice pour garder le moral. Elle enchaîne sur ses difficultés de cohabitation avec sa jeune codétenue. Celle-ci met de la musique à fond à longueur de journée et en anglais. Et ce sera pire si elle travaille en cellule. Je lui réponds qu'elle pourra demander à changer de cellule quand elle travaillera. Elle souhaiterait être avec une femme de son âge.

Alors elle me dit : « Je suis très soulagée d'avoir parlé avec vous ; c'est pas comme les autres surveillantes qui n'ont pas envie de nous entendre. »
« Mais elles étaient débordées ces derniers jours et le dimanche on a plus de temps. »
« Je n'oublierai jamais le soutien que vous m'avez donné aujourd'hui. »

Je l'exhorte à dire à son avocat, surtout, et au juge ce qu'elle m'a dit et comment elle a enchaîné les choses. Le lendemain, en la croisant, je constate qu'elle a l'air plus détendue. Elle est allée à la promenade, sans qu'il lui soit arrivé quoi que ce soit de fâcheux.

La surveillante du rez-de-chaussée me dira un peu plus tard, lors de cet après-midi-là, qu'elle rêve beaucoup de la prison, que cela travaille beaucoup dans la tête et qu'on ne peut pas répondre à toutes les demandes. Je le comprends très bien après avoir passé plus de deux heures à écouter la confession de cette femme. Je suis fort éprouvée : la demande peut être infinie. Certes, les surveillantes n'ont pas la distance qu'apprennent les psychologues ; elles vivent avec elles en face à face tous les jours, s'y ajoute la responsabilité du maintien de l'ordre en détention tout comme de leur santé. Elles peuvent craquer. D'ailleurs j'ai des troubles du sommeil et de la digestion et je compte les jours qui me séparent de la fin du stage. Je sais maintenant que je ne peux maintenir ma disponibilité vis-à-vis des détenues que parce que je sais que je vais pouvoir récupérer bientôt. Je ne tiendrais probablement longtemps à maintenir ouverte cette disponibilité, à répondre à leur demande. Le poids en est très lourd. Il m'apparaît difficilement compatible avec le fait d'être leur boniche, de les servir, d'assurer à la fois contre elles et pour elles la sécurité de l'établissement ; pour tout cela parcourir quotidiennement au minimum une douzaine de kilomètres afin d'assurer une forme de nursing.

C'est ainsi que je comprends que Françoise et moi nous sabotons le travail. Notre patience continue vis-à-vis des détenues depuis près d'un mois, et jusqu'ici pas mise en défaut, agace les surveillantes. Je sens revenir la défiance et l'hostilité des classes dites supérieures ou intellectuelles qui n'ont que mépris pour ce métier, parce qu'elles ne sont pas prises dans ce filet de contraintes, et ce pendant des décennies. Dans ces conditions, la distance, alliée à de la méfiance et aux limites de l'écoute sont une protection. « Je les écoute, mais pas trop, sinon on n'aurait jamais fini », me dit une surveillante. La distance du psychologue ou de l'éducateur ne pourrait tenir longtemps en raison de ce face à face où tant d'émotions contradictoires ont leur part, un face à face qui implique en outre une grande proximité corporelle des plus ambiguë ; ceci indépendamment du rythme très organisé et rapide des tâches destinées à la satisfaction de leurs besoins essentiels. Nous montrons, par notre disponibilité, que nous ne sommes pas du même monde et que nous pouvons nous offrir ce luxe.

La surveillante de l'étage, en fin de journée, insiste, comme beaucoup d'autres, sur le poids très lourd de la responsabilité concernant la sécurité de l'établissement. Il lui arrive encore de mal dormir et d'en rêver la nuit. Elle me demande alors si j'ai bien vérifié l'effectif, qu'au moins un verrou soit bien mis, manette vers le bas. (Ces verrous qui fonctionnent mal ne sont utilisés que la nuit). Elle me dit qu'elle vérifie souvent deux fois pour ne pas être travaillée par le fait qu'elle aurait peut-être mal vérifié l'effectif ou oublié un verrou en partant. Du coup je me crois tenue de refaire un deuxième tour. Je n'étais pas sûre de la présence d'une détenue lors du premier, hors de l'angle de vue par l'œilleton. Je ne la vois pas mieux au deuxième tour. Du coup je défais le verrou et la détenue, habituée à ces vérifications, me fait un signe de la main pour m'indiquer qu'elle est bien là et m'éviter d'ouvrir et de refermer la porte.

12

Lundi après-midi

Je commence à connaître l'étage où je suis affectée. J'entre dans les chaussures d'une surveillante, étant moins paniquée parce que je commence à connaître à peu près les visages, les noms et les numéros de cellule correspondants. Je commence aussi à m'apercevoir, comme me l'ont dit plusieurs surveillantes, que les détenues ne sont pas des enfants de chœur. Si nombre d'entre elles, quand elles me sourient, apportent quelque gratification à ce boulot, il y a aussi des têtes de cochon, des filles de bourgeois dédaigneuses qui ne vous regardent pas et ne vous répondent pas quand on leur dit bonjour, et ce tous les jours, celles qui se volent entre elles, règlent des comptes entre elles, celles qui chapardent quand on ne les surveille pas, celles qui menacent quand elles n'obtiennent pas satisfaction à leurs demandes, les délatrices… Je comprends le propos de certaines surveillantes qui disent « Ce sont des détenues, on n'a pas à être leur bonne en permanence », ceci ne les empêchant pas de leur rendre service. Une surveillante me dit aujourd'hui que d'après le CPP, il est interdit de passer quoi que ce soit d'une cellule à une autre. Cette surveillante, bourrue et sèche, a passé d'un étage à l'autre du café, du chocolat et du dentifrice pour une détenue, de la part d'une autre, lorsque je suis venue lui demander si c'était possible, sachant que si c'est admis au même étage, c'est interdit entre étages. Tout échange ou don peut être en effet qualifié de trafic, me dit-elle. De fait ces échanges sont régulés selon un accord tacite entre surveillantes, modulé selon les ententes entre elles, comme on l'a illustré précédemment. Aujourd'hui j'ai laissé une auxiliaire porter une bière à une copine d'une autre cellule qui fête son anniversaire. Elle lui porte aussi une poêle pour faire du pain perdu. Je suis ennuyée pour la bière : on peut parler de trafic d'alcool. Je suis d'autant plus ennuyée que plusieurs détenues ont vu la scène et qu'il y aurait des cafteuses à l'étage parmi elles. Une autre surveillante un peu plus tard confirmera ma crainte : « Il y a beaucoup de balances ici, et des deux côtés ». J'ai la réponse à la question que je me posais ces jours derniers concernant un certain malaise général que je ressens au niveau des relations et qui se traduit par une certaine suspicion non seulement à notre égard, mais à tous niveaux. Je demande à cette surveillante s'il leur arrive de se concerter pour faire la même observation dans leur cahier d'observation, notamment à propos de l'heure choisie pour les changements de cellule.

« On l'a fait, mais ça n'a servi à rien. Et puis il y a celles avec lesquelles on peut se concerter ou non. Il y a des équipes dans lesquelles il est agréable de travailler, avec lesquelles on s'entend bien et on travaille bien. Mais ici, c'est la politique de division. Des équipes qui fonctionnaient bien ont été cassées. C'est la politique de la direction ». Elle ajoute : « Quand on refuse de passer quelque chose dans une cellule, il faut s'entendre entre nous avec toutes celles qui vont venir derrière et auxquelles les détenues vont faire la même demande, sinon ce sont des emmerdes avec les détenues et avec les surveillantes, mais ce n'est pas toujours possible ».

La directrice, rencontrée plus tard en sortant, à laquelle je demande comment sont composées les équipes, m'explique que tout le monde doit pouvoir travailler avec tout le monde compte tenu, d'une part du fait que les surveillantes ne sont pas nombreuses et que d'autre part, et pour la même raison, les services ne peuvent être programmés longtemps à l'avance : six jours d'avance au maximum. Plusieurs surveillantes d'ailleurs disent faire trop de nuits par mois par rapport à ce qui est normalement exigé, d'autres ne savent pas combien on doit et on peut en faire par mois.

Cette politique relève-t-elle réellement d'une simple question d'organisation ? Est-elle associée à une part de maltraitance, ou de perversion ? N'est-elle que le reflet de la paranoïa ambiante ? Renvoie-t-elle au fait que ces trois derniers aspects sont consubstantiels au fonctionnement de la vie relationnelle carcérale quotidienne engendré par l'impératif premier, tout-puissant et tyrannique de la sécurité ?

Je demande aux surveillantes présentes si elles vont suivre le mouvement de grève qui se prépare. L'une n'est pas au courant, une autre n'est pas syndiquée, bien que presque toutes le soient dans les différents syndicats. « Mais ça ne change rien. La détention est trop petite et nous ne sommes pas assez nombreuses. Lors du dernier mouvement, on n'a rien pu faire bien qu'ayant des représentantes syndicales détachées, parce que nous n'avions pas ce jour-là de représentant syndical en détention, c'est une obligation. Il faut aussi un piquet de grève et la direction fait du forcing. Il y a eu des représailles très dures. Ce sont les élèves surveillantes en stage qui ont fait les frais du mouvement. Ça a été très dur. Quant à la surveillante chef, elle n'a pas fait grève, et comme elle fait partie du même syndicat que les surveillantes… Et quand il y a grève, ce sont toujours les chefs qui obtiennent quelque chose, non les surveillantes. » (la surveillante-chef me dira le contraire sur ce dernier point le lendemain).

Je fais l'ouverture à 13 heures et la feuille d'effectif. Je dois recompter à l'œilleton deux fois parce qu'il y a à cette heure-là une extraite, une détenue au parloir famille plusieurs auxis en promenade jusqu'à une heure et demie, une permission de sortie et une auxiliaire qui est allée de la promenade au parloir famille.

Je serai seule à l'étage tout l'après-midi, sauf pour le sondage des barreaux fait par B., aujourd'hui de parloir, c'est-à-dire de coupure et aussi au moment où je demanderai à être relevée pour aller aux toilettes – où il ne faut aller qu'en choisissant bien son moment – avant le retour des promenades, c'est-à-dire avant le moment de grande presse où il faut aller vite et alors que toutes les demandes des détenues arrivent : problème de santé de l'une, mal au crâne de l'autre, l'auxi qui demande si elle peut s'occuper de la bibliothèque, une autre qui demande quand elle va avoir sa télé pour laquelle elle a cantiné, une autre les vêtements que lui a apportés son mari au parloir. Une détenue me demande aussi quand elle va pouvoir récupérer l'espadrille qu'elle a fait tomber de sa fenêtre dans la cour. La surveillante de coupure commente : « Elles oublient ou font tomber des quantités de choses des fenêtres dans la cour de promenade, ou le long des murs. Tu as vu la saleté ! Moi je ne ramasse que ce qui n'est pas tombé dans la gadoue ».

Je constate que les surveillantes se lavent assez souvent les mains : peur du SIDA ou d'autres maladies, saletés qu'on ramasse, mains pleines de talc et de poussière après les fouilles de cellules.... D'ailleurs une détenue qui n'a pas refermé sa fiole la renverse sur ma main. Elle est toute poisseuse ; en outre les verrous graissés et qui ne ferment pas en mettent plein les mains ; ma clef, la plus mauvaise disponible, que je dois serrer de toutes mes forces pour ouvrir certaines cellules me noircit les mains en laissant une forte odeur de métal.

Cet après-midi, les auxis nouvelles n'allant pas assez vite, j'ai dû rentrer pas mal de poubelles dans les cellules et j'ai dû aider à servir les repas, l'auxi ayant oublié la moitié des repas des détenues. En outre la surveillante du rez-de-chaussée qui n'aime pas travailler à ce poste, et je comprends pourquoi aujourd'hui, travaille comme un cochon. Elle oublie tout, donne des ordres au mauvais étage. Les quatre cinquièmes des noms qu'elle me donne sont pour l'étage en dessous ; elle ne me donne pas le motif de la descente. C'est bien sûr la même chose pour Françoise. J'ai quand même réussi à tenir mon cahier d'effectif, hormis pour la promenade où je me suis trompée deux fois.

C'est aussi la pagaille en raison du changement quasi général des auxiliaires, la plupart d'entre elles devant suivre des cours. Les nouvelles à mon étage sont beaucoup plus lentes que les précédentes, ne savent pas plus que moi à quelle heure elles doivent sortir et bavardent entre elles continument ou avec les autres détenues pendant que j'ouvre et ferme les portes. Elles servent aussi de messagères, font passer des choses d'une cellule à l'autre. Je les laisse faire si je ne suis pas trop bousculée, ce qui est heureusement le cas.

La pagaille règne aussi au niveau de la bibliothèque. L'auxiliaire qui en est chargée ne sait pas très bien quand elle doit s'en occuper. En raison des multiples changements de cellule qui ont lieu depuis plusieurs jours, les livres s'accumulent dans les cellules et sur les coursives. Lorsqu'elle me demande si elle peut sortir pour se mettre au travail, la gradée me fait signe qu'elle ne doit pas sortir aujourd'hui.

13

Mardi, journée de 8h à 18h10

Journée de travail épuisante et j'arriverai difficilement à sortir de la prison à cause du volume du travail. Il y a une interruption d'une heure qui passe très vite, le temps de déjeuner avec l'éducateur et sa remplaçante.

Le travail de journée ou de disponible consiste à boucher les trous, à aider les surveillantes aux étages. Il y a aussi la responsabilité des portes de la cour de promenade. On me confie les clefs pour la journée. On doit toujours laisser ses clefs au poste que l'on quitte. Je dois remplacer à deux reprises le surveillant affecté à l'une des portes qui doit aider le surveillant placé à l'autre porte. Bref je suis aujourd'hui la gardienne de six portes, dont celles des cours de sport et de promenade.

Aujourd'hui a lieu une réunion de la Commission d'Application des peines. Je dis au gradé que je souhaiterais y assister. Celui-ci ne pouvant prendre sous son bonnet la décision de m'y envoyer en réfère à la surveillante-chef qui refuse. On a besoin de moi au travail et j'ai deux fouilles de cellule à faire dans l'après-midi. Le gradé me dit que je n'ai rien à regretter, ces réunions n'ayant aucun intérêt : « C'est plus intéressant en Centrale. Ici c'est vite expédié, il n'y a pas de discussion véritable et les surveillants, lorsqu'ils y sont admis, ne sont là que comme spectateurs ». Je suis donc traitée comme une vraie surveillante.

Jusqu'à midi mon travail consiste à monter du rez-de-chaussée au premier étage, du premier étage au second et d'en redescendre, cavalant partout, montant les médicaments, aidant la surveillante pour la distribution des cantines, glissant sous les portes des cellules différentes « notes à l'intention de la population pénale ».

Au coup de klaxon de 8h 30, heure de la première promenade, je descends d'un étage ouvrir les portes des détenues qui sortent quatre par quatre. Je dois faire une rapide palpation des détenues qui sortent ; c'est vite expédié. Lors de la sortie pour le sport, deux détenues qui sont de promenade me demandent si elles peuvent aller au sport. Je fais signe à la monitrice de sport qui accepte. Plus tard, lors de la deuxième promenade, deux détenues me demandent, la monitrice ayant fait entrer dans la cour de sport plusieurs détenues, si elles peuvent la rejoindre. Elle en admet une qui n'était pas inscrite, lui faisant comprendre que c'est par magnanimité qu'elle l'accepte. La porte de cette cour refermée, la détenue refusée se manifeste. « Vous n'aviez qu'à le demander plus tôt », lui répond-elle. Une détenue se dirigeant vers la cour de promenade se plaint d'avoir mal au dos et demande du doliprane. Elle travaille en atelier et va souvent au sport. La monitrice l'envoie promener et le surveillant d'atelier présent également. Le ton monte. Elle dit qu'elle ne demande pas grand-chose, juste du doliprane parce qu'elle a très mal et qu'elle tapera sur sa porte si on ne lui en donne pas. « Tant pis, vous pouvez toujours taper sur votre porte » lui rétorque le surveillant. « C'est une comédienne, elle peut toujours taper sur sa porte » commente-t-il lorsqu'elle s'éloigne. Je me dis alors en moi-même que sa demande aurait peut-être pu être réglée un peu plus « civilement ».

A lieu ce matin une extraction pour le tribunal d'une détenue pour son jugement. Elle est jugée pour sa participation à un vol à main armée, association de malfaiteurs avec homicide. Elle a perdu dix kilos depuis ses deux années passées en prison. Elle suit un régime hypercalorique, comme un certain nombre de détenues qui travaillent et qui reçoivent un supplément de riz. On m'envoie faire sa fouille à corps avant sa sortie. Je vais la chercher en salle d'attente pour l'accompagner à la salle de fouille. Je lui fais soulever son soutien-gorge, secoue un par un les vêtements qu'elle me tend, me place de trois/quart par rapport à elle pour ne pas la gêner par mon regard. Je lui demande ses bottes que je secoue. La fouille est vite faite et je lui souhaite bonne chance pour son jugement. J'apprends le soir qu'elle va être libérée dans dix jours. Je la reverrai le lendemain matin, rayonnante, et lui demanderai comment s'est passé ce jugement, lui disant au passage qu'elle allait bientôt pouvoir retrouver son poids.

Vraiment la fouille à corps est une tâche pénible. Même si on n'est pas obligé de faire tousser la personne ni de la faire se baisser. Les surveillantes d'ailleurs ne sont pas toutes certaines de ne plus avoir à faire tousser les détenues et en discutent entre elles. « De toute façon » dit une surveillante, « ça ne sert à rien de faire tousser ; si on veut garder quelque chose dans la bouche on peut toujours le faire qu'on tousse ou pas ».

Peut-être ai-je un peu escamoté ma fouille, me le permettant parce que demain est mon dernier jour de stage. Je ne suis pas encore au stade où je signifierais à l'autre, par mon attitude, qu'il s'agit d'une routine désagréable pour chacune ou serais capable de prendre la tâche avec humour.

À midi je dois faire la ronde extérieure des sonnettes. Je dois appuyer sur les boutons des trois sonneries qui font le tour du mur extérieur, reliées à l'une des portes. Je dois ensuite demander à la porte si les sonneries ont bien marché. Mais personne ne m'a montré où sont les sonnettes. La première que je vois est une alarme. Heureusement pour moi, elle ne s'ouvre pas très facilement. Je cours demander à la porte où elles sont situées. Puis je repars faire mon tour. Je me rends compte que je marche trop vite. Faire la ronde signifie regarder… Ceci fait je termine ma ronde et le surveillant de la porte me renvoie en détention.

Je pars plus tard au mess. J'y vois encore l'éducateur. Les surveillantes n'y vont pas. On n'y croise pratiquement que des hommes. La plupart d'entre elles rentrent déjeuner chez elles. L'éducateur tente en vain de me faire dire que les surveillantes s'y prennent mal avec les détenues. Il me demande si ces dernières n'ont pas avec moi un comportement différent. En principe non, puisque je suis à leurs yeux à la MAF en tant que stagiaire, seul le personnel pénitentiaire sachant à quel titre je fais ce stage. Il me raconte des ragots de la prison, entre autres le fait que tous les postes fixes dans cette prison sont tenus par une vieille mafia de surveillants qui fait la loi et qui est indégommable, parce qu'elle contrôle l'information sur ce sujet.

Je cours à la MAF après le déjeuner. On me rend mes trois clefs et j'ai aussi deux fouilles de cellule à faire. Il me faut une heure et demie pour chacune, et encore n'ai-je sans doute pas tout vérifié comme il le faudrait. La surveillante B. vient me voir et me demande si j'ai bien regardé derrière et sous les armoires. « C'est là qu'on trouve le plus de choses cachées ». Je l'avais déjà fait en m'aidant de la glace suspendue au-dessus du lavabo, comme je l'avais vu faire auparavant. Dans cette cellule cohabitent deux jeunes détenues, arrêtées pour trafic de drogue, qui ont l'air de bien s'entendre. « Celles qui se font prendre en ce moment pour trafic de drogue prennent beaucoup, les juges sont dans une période où ils tapent dur. Celles qui ont la malchance de se faire prendre maintenant… », commente-t-elle.

La fouille de cellule suppose qu'on fasse au préalable une fouille à corps des détenues concernées. Ce qui veut dire cet après-midi quatre fouilles à corps. Mais l'une étant en extraction, l'autre en promenade, je n'en ai heureusement que deux à faire, que je fais rapidement. Il faut aussi vérifier ce qu'elles emmènent à la salle Télé, où elles sont enfermées à clef pendant la fouille de la cellule. Je vérifie ainsi le contenu du paquet de cigarettes ouvert de celle qui s'y dirige.

Dans cette cellule à peu près en ordre et pas trop encombrée par rapport à la suivante c'est dur, mais moins que pour la seconde pour laquelle le travail est vraiment très fastidieux. Elles ont droit à huit tenues complètes. Il y en a ici au moins le double, et bien plus encore dans la cellule voisine. Il y a dans celle-ci des légumes, des oranges des citrons, une quantité énorme de matériel de peinture et de dessin, des cartons, du papier magnifique ; tout ceci étant complet, des meilleures marques et pratiquement pas utilisé : peinture à l'huile, gouache, acrylique, aquarelle, de beaux livres de peinture et de dessin. Cette détenue est étudiante en peinture. « Il y en a qui ont de l'argent », commente B. qui regarde ses peintures et ses dessins : « Pas mal, celui-ci, Pouah ! Celui-là ». Avec la glace je regarde de près, sous tous les meubles, dans tous les recoins, les WC, sous le lit, derrière le lit. Il y a des cales sous le lit et je n'ai pas la force de le soulever pour aller voir. Il faut enlever toute la literie, remettre tout en ordre en leur laissant refaire le lit. Nuage de poussière, de saletés, lits dont les draps ne sont jamais secoués à cause des barreaux aux fenêtres. « Tu es folle de travailler sans gants » me dit B. Je descends alors au rez-de-chaussée demander des gants. Il n'y en a plus. On me dit d'aller en demander à l'infirmière. En principe elle n'en

donne pas, mais veut bien me dépanner. Il faut en demander à la surveillante chef. Je remonte. Ces gants sont pleins de talc et j'en mets plein sur mon uniforme. « D'où sortez-vous, vous êtes toute sale ? », me demande l'auxi de l'étage, comme je sors de la cellule pour aller dans celle d'à côté.
« Je ne vous le dirai pas ! », lui dis-je
« Ah, je sais, vous venez de faire une fouille »
« Oui, c'est ça. » Et elle rit.

Cette auxi très sympathique met de l'ambiance à l'étage, mais certaines surveillantes ne l'apprécient pas et s'en méfient, j'ignore pourquoi et ne cherche pas à le savoir.

« On peut attraper toutes sortes de choses en prison » me dit une surveillante en passant, « le SIDA, des maladies rares, la tuberculose… ». Pour l'instant je n'ai attrapé – et rapporté chez moi – que des puces.

La seconde cellule à fouiller est pleine comme un œuf. Les deux détenues qui l'occupent sont en transfert de la Centrale de Rennes pour être hospitalisées à l'hôpital de la maison d'arrêt. – Elles attendent leur hospitalisation depuis des mois – … Elles sont plus âgées et ont été condamnées toutes les deux à vingt ans de réclusion pour avoir assassiné deux hommes. La tâche la plus longue est la vérification du tampon de la censure sur l'ensemble de leur courrier. Cette cellule est bien rangée et bien entretenue hormis les draps, là aussi et pour la même raison. Il faut ouvrir tous les tubes : dentifrice, tubes de maquillage, les pommades. Il y a une quantité industrielle de petites boîtes à ouvrir : boîtes à aiguilles, à médicaments… Lorsqu'il y a trop de médicaments stockés et qui peuvent être dangereux, les surveillantes les retirent.

On ne peut s'empêcher de ressentir beaucoup de gêne face à ce qui relève d'une violation de l'espace privé de la personne et en même temps un certain intérêt, lorsqu'on secoue tous les habits, vide toutes leurs petites affaires, qu'on contrôle les tampons du courrier, qu'on tombe sur des cartes postales, des photos. Je constate qu'elles ont un cahier de comptes pour leurs cantines bien tenu. Certaines écrivent des poèmes, tiennent un journal. Je me dispense de fouiller là-dedans. Et pourtant j'en lis une partie. Sont exposées des quantités de détails sur la vie de l'autre, ses pensées, ses habitudes, toutes choses que ne peuvent connaître que les plus proches, et encore ! Tout ça ne se fait pas : ni pour le courrier, ni pour les petites culottes, ni pour les journaux intimes, etc. Tout ceci est parfaitement immoral et relève de l'effraction. C'est pourquoi, lorsque je vais chercher les deux détenues enfermées depuis une heure et demie dans cette salle télé, assises sur un banc, le seul mobilier de cette salle, je suis très gênée. Je n'ose rencontrer leur regard, ayant trop honte pour tout ce que j'ai dû ou voulu voir. Comment ce voyeurisme pourrait-il être compatible avec une aide à la personne, qui suppose toujours une certaine distance, une certaine méconnaissance de l'autre liée à la part de confiance qu'on lui accorde et au respect de son espace privé ?

Quand j'ai terminé ces fouilles, j'éternue, vais me laver les mains et rincer ma bouche, secoue mon uniforme plein de talc et de poussière et j'ai les yeux qui piquent.

Je remonte aider à l'étage, parle à B. de ma gêne pour ces fouilles. Elle me répond qu'elle a vécu la même chose, mais que ça passe avec le temps pour devenir de la routine.

Je lui raconte aussi, à un moment où elle vient papoter avec moi, la longue confession de la détenue avant-hier. Elle me dit alors que les détenues racontent facilement leur délit au début de leur incarcération. « Après, pour ne pas se suicider à cause de leur culpabilité, elles s'inventent un système de défense tel qu'elles ne sont plus coupables. Ça n'a plus rien à voir avec ce qu'elles disent au début. Par exemple, l'auxi N., qui a torturé un de ses enfants en le tuant, a été dénoncée par sa fille aînée. Mes cheveux se dressent sur la tête quand elle en parle maintenant. Elle dit que tout ça, c'est la faute de sa fille parce qu'elle l'a dénoncée… »

Je me demanderai alors si ce que j'ai dit à celle qui m'a raconté son délit a eu quelque effet par rapport à cette reconstruction imaginaire, – si tant est qu'elle soit fréquente – comme le laisse entendre B.

En fait, quelque temps après le stage, Françoise me raconte qu'elle regardait à la télévision une émission, qui par le plus grand des hasards, concernait le procès de cette détenue auquel le journaliste demandait ce qu'elle pensait de son crime. Celle-ci avait mentionné le fait qu'en prison, une surveillante l'avait aidée à comprendre ce qu'elle avait fait et ce que sa fille avait vécu…

Il y a encore aujourd'hui une multitude de changements de cellule, décidés, comme d'habitude, au moment de servir les repas. Je suis alors en compagnie de la gradée et de B. Une détenue, en sortant de sa cellule pour déménager, se dirige droit sur moi en pleurant : « Madame, je ne veux pas qu'on me change de cellule, parce que je m'entends très bien avec ma codétenue. Je n'ai jamais rien fait de mal depuis que je suis en prison ; je me suis toujours très bien tenue, je ne comprends pas pourquoi on veut me retirer ma codétenue. » « C'est une prison ici ; on ne fait pas tout ce qu'on veut », lui lance B., tandis que la gradée la rabroue.

Ses larmes redoublent : « Je veux aller au mitard, je veux aller au mitard, mettez-moi au mitard » dit-elle en s'adressant à moi.

En l'accompagnant vers sa nouvelle cellule, tandis que B. et la gradée s'éloignent, pas plus émues que cela devant son désarroi, je lui dis : « Vous êtes en train de vous faire du mal en disant cela » – « Oui, je sais, je me fais du mal ».

Je lui explique, lorsqu'elle arrive dans sa nouvelle cellule et devant sa nouvelle codétenue, qu'elle pourra demander un changement de cellule quand tous ces mouvements se seront calmés. Je lui dis d'insister auprès de la surveillante-chef dans quelques jours. J'ajoute que je pense, en attendant, qu'elle s'entendra bien avec sa nouvelle codétenue et qu'elle peut s'appuyer sur elle. Les changements de cellule se font aussi quand on ne s'entend pas.

Elle se calme. Le lendemain matin, quand j'ouvre sa porte je lui demande comment s'est passée sa nuit et si ça va mieux. « Oui, ça va mieux. Excusez-moi pour hier soir ; je vous fais toutes mes excuses ; je me suis bien entendue avec ma nouvelle codétenue ».

Lui répondant que j'ai compris son désarroi et qu'elle n'a pas à demander des excuses, j'ajoute qu'il vaut mieux parler à qui peut l'écouter quand ça ne va pas. Elle a l'air rassérénée.

J'aide à la distribution des repas, puis des médicaments. Compte tenu des changements de cellule et du fait que les médicaments arrivent dans n'importe quel ordre, je passe un temps fou à vérifier, à renvoyer ceux qui sont destinés à l'étage au-dessous. Plusieurs femmes refusent de prendre leurs médicaments, en particulier une nouvelle auxiliaire : « Après, je ne peux plus me réveiller », me dit-elle.

Une détenue qui m'appelle me dit avoir très mal à la tête, dès qu'elle la penche, souffrir beaucoup et voudrait voir le médecin. Je lui demande si elle a vu l'infirmière. Oui, mais c'était avant sa crise et les médicaments qu'elle lui a donnés soignent autre chose. J'appelle le gradé pour savoir si l'infirmière est encore là. Elle est partie. Je retourne voir la détenue qui me dit avoir des problèmes cardio-vasculaires et que si on ne la soigne pas bien c'est notre responsabilité qui est engagée. Soucieuse, je descends en parler au gradé. « C'est du chantage qu'elle fait. Il n'y a pas de médecin à cette heure-ci, et l'infirmière lui a déjà préparé pour le soir des médicaments qui devraient lui faire de l'effet ». Je remonte lui rendre compte de ce que m'a dit le gradé.

« S'il m'arrive quelque chose, je taperai contre la porte, je me cognerai contre les murs », crie-t-elle. Le gradé, monté à ma demande, lui dit qu'elle n'a qu'à cogner et que tout ça c'est du chantage. Lorsqu'un peu plus tard je lui apporte ses médicaments du soir, elle commence par me dire qu'elle refuse de les prendre. Deux jours avant elle rouspétait parce qu'on lui en donnait trop et qu'on la droguait. Je lui fais valoir que ces médicaments la soulageront sans doute quelques heures et, que même si elle se réveille au milieu de la nuit, le temps des effets de ses médicaments sera toujours ça de gagné. Elle les prend. De guerre lasse, pour qu'on lui fiche la paix, convaincue, ou pour me faire plaisir – puisque qu'elle a vu que je m'étais démenée pour faire ce que je pouvais pour elle ?

Une autre détenue se plaint également d'avoir mal à la tête. Je lui apporte du doliprane monté par le yoyo. Elle me remercie. Après la distribution des médicaments, j'ai les mains toutes poisseuses. Aujourd'hui, le bruit des marteaux-piqueurs et des scies électriques a été particulièrement violent : Ils percent maintenant des trous dans les cellules qui sont juste derrière la soi-disant palissade qui sépare l'aire des travaux du reste de la détention. Il y a aussi beaucoup de poussière. Les surveillantes, comme moi, se bouchent de temps en temps les oreilles et tout le monde se plaint du bruit.

Je dois aussi distribuer une note aux détenues de nationalité étrangère. Il s'agit d'un petit questionnaire, une honte quant à ses sous-entendus et l'illustration portée à son comble de l'imbécilité bureaucratique. Elles doivent répondre si elles sont analphabètes ou illettrées. Évidemment tous leurs drapeaux se lèvent pour me demander d'expliquer ce que cela signifie. Je suis moi-même incapable de le faire simplement. Je leur suggère de répondre dans leur langue qu'elles ne comprennent pas la question, ou de mettre un point d'interrogation…

J'en ai très marre de cette journée. Il me prend l'envie de balancer le panier des médicaments depuis le deuxième étage. Je le dis à une surveillante que j'aide. « Je comprends très bien ça », me dit-elle.

Aujourd'hui, à l'heure du déjeuner, j'ai rencontré la surveillante chef qui me raconte avoir félicité une surveillante qui a eu le bon réflexe d'empêcher l'entrée d'une personne extérieure au service qui voulait entrer avec un paquet « au prétexte qu'il connaissait des surveillants ». Elle l'a refoulé en raison de ses propos évasifs, celui-ci n'ayant pu lui donner de noms de surveillants.

J'ai aussi discuté avec B., lui demandant s'il lui semblait participer à un travail de réinsertion. « Non, me répond-elle. Le travail de réinsertion se fait à l'extérieur. Si on n'y fait pas grand-chose, je ne vois pas comment les anciens détenus peuvent se réinsérer. Pour les toxicos je n'y crois pas. Certains sont là pour la cinquième, la sixième fois. Quand ils sont pris là-dedans il leur est très difficile d'en sortir. Par contre j'y crois pour les crimes passionnels. D'ailleurs beaucoup de détenues ne devraient pas être ici. Par exemple cette femme incarcérée pour avoir fait des chèques sans provision, une pauvre femme qui ne sait ni lire ni écrire. Le juge aurait dû plutôt lui donner deux mois de stage pour apprendre à faire correctement des chèques…

Ce soir-là, en partant, la veille du jour où la grève doit avoir lieu, je discute avec une gradée au vestiaire. Elle trouve dommage que nous n'ayons pas eu le temps de suivre le travail des gradés et de discuter avec eux. Elle s'en est plainte à la directrice. Celle-ci ayant mal pris sa demande, elle n'a pas osé insister. Je lui réponds que nous nous rattraperons plus tard, lors de la recherche proprement dite qui va bientôt commencer. Des surveillants hommes du grand quartier ont manifesté le même regret au mess.

14

Dernière journée du stage

Un mouvement social des surveillants (qui n'ont pas le droit de faire grève), annoncé depuis quelques jours, commence aujourd'hui. La revendication principale concerne le calcul des points de retraite.

La veille, comme je croise en sortant la surveillante-chef qui voit comme moi les préparatifs du mouvement, celle-ci me dit que le gouvernement fait deux poids deux mesures selon les catégories professionnelles en grève. Elle en a gros sur le cœur, il me semble. Elle soutient le mouvement. « Ça va être une grève très dure », me dit-elle. « Avec les parloirs famille, ça va barder, on n'est jamais allé jusque-là ». Un gradé, qui est passé à la télévision ce matin très tôt aux informations pour présenter les revendications des personnels, m'explique en quelques phrases le système complexe des points de retraite. Il ajoute que ce qu'on dit sur leur revendication en matière de retraite est faux.

Plusieurs surveillantes ignorent qu'il y a un mouvement qui commence. Une surveillante me raconte qu'à la précédente grève, la MAF était en pointe pour avoir mal interprété le mot d'ordre. Des stagiaires ont été révoquées ; les titulaires ont seulement eu une demande d'explication de la part de la direction. « Quand il y a des sanctions, on n'est pas soutenu par la direction. J'étais justement de service la dernière fois. Je me suis fait avoir une fois, je n'en serai pas cette fois-ci. »

Ce matin-là, il y a un piquet de grève devant l'hôpital, devant l'entrée du Quartier des hommes. On voit des calicots de la CGT, de FO et du syndicat indépendant, des voitures de police et des camions de la Gendarmerie. Au grand quartier il y a un refus de faire fonctionner les parloirs pendant une heure et demie, puis les surveillants feront rentrer les familles.

À la MAF, les surveillantes se contenteront de retarder de quelques minutes les parloirs familles.

Je prépare pour huit heures une détenue qui doit être extraite. Il y en a quatre autres à l'étage en dessous. Je la fais descendre, mais elle remonte trois quarts d'heure plus tard après avoir attendu en salle d'attente et avoir été fouillée : en raison de la grève, il n'y a pas d'extraction. Je le lui dis. « C'est dur pour nous, c'est très dur pour nous », commente-t-elle à juste titre. Il y a contre-ordre et elle redescendra à dix heures en salle d'attente et pour une deuxième fouille à corps. À la suite d'un nouveau contre-ordre, elle redescendra une troisième fois, comme les quatre autres détenues, pour une troisième attente et une troisième fouille à corps…

Aujourd'hui il n'y a pas de douche et j'en suis bien soulagée parce qu'entre sept heures moins le quart et huit heures et demie c'est toujours la folie. À l'enchaînement des différentes tâches et des différents mouvements s'ajoutent bien des erreurs, en particulier pour la distribution du courrier, comme en ce moment où de nombreuses détenues changent de cellule.

Plus tard on me remet dans le yoyo le résultat des décisions prises par la Commission d'Application de Peines. Ce sont six refus de libération conditionnelle, sur des feuilles volantes, non sous pli fermé et non notifiées, comme me le précise le gradé qui me dit de les glisser sous la porte des détenues, alors toutes absentes de leur cellule. Je voudrais pourtant les leur remettre en main propre. Je me débrouillerai au cours de la matinée pour leur glisser un mot, lire à l'une d'entre elles qui ne lit pas le français le libellé du refus, expliquer à une autre que le refus n'est dû qu'à un motif technique, une enquête demandée par le juge des enfants devant être effectuée avant la décision. Une autre me demande l'adresse du Président de la République auquel elle veut demander sa grâce. Le gradé présent dans la bulle me donne l'adresse du Palais de l'Élysée. Une détenue qui travaille comme peintre à l'extérieur est rentrée en détention au bout d'une demi-heure, parce que malade. Elle est malade, me dit-elle, parce qu'elle n'a pas reçu la réponse attendue de sa demande de libération conditionnelle. Le gradé ne lui ayant pas donné d'explication, elle me demande avec insistance d'en parler à l'éducateur. Après avoir demandé à une surveillante de me remplacer un moment, je pars à sa recherche. Il promet d'aller la voir, mais se dit débordé de travail. Je préviens la détenue de sa promesse. Pourtant il ne sera pas encore passé en fin de matinée, malgré ma deuxième démarche vers lui.

Pendant mes allers et retours, je sens le regard désapprobateur d'une surveillante. Me soupçonne-t-elle de connivence avec l'éducateur ? Il me semble que mes nombreuses demandes soient assez mal vues. Il m'arrive depuis quelque temps d'hésiter avant de téléphoner pour demander un renseignement pour une détenue.

C'est comme ça qu'avec la surveillance de tous par tous, le « cœur tendre » des débutants entre dans le rang et retient ses désirs de travailler selon sa conscience. Mais c'est aussi une contrainte qui pèse sur la plupart des personnels, compte tenu de la rapidité exigée dans le travail, nécessaire à la gestion de la détention.

Deux détenues me disent ne pas sortir en promenade parce qu'elles attendent de partir à l'hôpital. Je les informe qu'il y a peu de chances qu'elles y partent en raison de la grève. Elles laisseront leur drapeau pour que je pense à venir les chercher quand on les appellera.

« C'est pour des sous, cette grève ! » lance avec condescendance et un souverain mépris la détenue descendue en vain pour être extraite et qui remonte en cellule, et qui répète « c'est dur pour nous ». Une autre me dit : « Vous allez ouvrir les cellules, on va pouvoir en profiter ? »

L'atmosphère en détention est inhabituelle, électrique, pleine d'excitation, dans l'attente de l'imprévu qui viendrait enfin rompre le temps vide des jours, même si la plupart des tâches se font normalement et si les activités qui ont lieu dans les murs suivent leur cours. Une certaine tension monte au cours de la matinée. Il y a de l'énervement. En outre je suis très fatiguée – j'ai d'ailleurs perdu quatre kilos, tandis que Françoise en prenait quatre, depuis le début du stage – et je dois relire dix fois mon cahier de mouvements pour m'apercevoir que tout n'est pas en ordre. Je dois me déplacer à la porte de plusieurs cellules pour le mettre à jour. Des erreurs au rez-de-chaussée compliquent les choses.

Lorsqu'arrivent les repas du déjeuner, arrive en même temps une liste de détenues à envoyer pour le service médical. Comme le médecin les garde chacune entre cinq minutes et un quart d'heure, je dois en envoyer plusieurs à la fois et je suis seule à l'étage. J'ai le choix entre laisser plusieurs portes ouvertes à la fois ou retarder la distribution des repas. J'opte pour les portes ouvertes et les auxis en profitent. Je cours néanmoins d'un bout à l'autre de l'étage pour ouvrir et fermer, mais des cellules restent malgré tout ouvertes. Une détenue me dit : « Madame vous avez oublié de refermer ma porte ! » Je me crois obligée de me justifier en répondant que je n'ai pas oublié, mais que j'ai été appelée ailleurs. Je sens, au ton qu'elle prend, qu'elle pourrait me balancer. Je me rappelle à ce moment-là qu'elle est aux yeux de la surveillante-chef une « très bonne détenue », ce qui signifie, aux yeux des surveillantes, une délatrice.

Juste après la distribution des repas, les portes étant toutes refermées, règne en général un moment de détente palpable et de grand calme dans la nef, qui dure la plupart du temps jusqu'à la première promenade. Mais aujourd'hui, tout à coup, plusieurs détenues se mettent à taper dans leur porte, immédiatement rejointes par d'autres, puis par l'ensemble de la détention. Le bruit ne cesse de s'amplifier et elles cognent de plus en plus fort et de toute leur force, défoulant toute l'énergie physique et mentale que comprime l'enfermement. Le vacarme est tel qu'il couvre le bruit des marteaux-piqueurs et des scies électriques. Des échos renvoyés dans toutes les directions, des vibrations et des souffles en tous sens parcourent la nef. Il semble que les portes, bien qu'en chêne bien épais, soient près de céder en explosant. Je n'en mène pas large. Cette fin de stage se termine dans un bruit d'apocalypse qui me fait éprouver ma première peur.

Au moment de partir je vais saluer une auxiliaire qui m'a appris beaucoup et avec laquelle je m'entendais bien. Elle m'embrasse sur les deux joues. Françoise et moi échangeons nos adresses avec la surveillante avec laquelle nous avons le plus sympathisé, déjeunant parfois au mess ensemble ou pique-niquant sur un banc, dans la rue qui longe la prison. Nous ne la reverrons plus et le pressentons déjà : comme les détenues libérées, nous voulons oublier la prison. Puis nous sortons et faisons ensemble notre bout de chemin habituel, mais en silence, avant de nous séparer.

Nous traversons le mur qui nous permet d'entrer dans ce monde insouciant et ensoleillé qui jouit de la tranquillité publique, aveugle et sourd à celui que nous venons de quitter. Je ressens ce silence comme une fuite lâche. J'abandonne ce trou dans lequel sont enfermées toutes les misères du monde pour retrouver mon abri confortable. Rentrée chez moi dans l'après-midi, seule à cette heure-là, je range au fond d'un placard les chaussures que j'ai portées pendant le stage et que je ne remettrai plus. Je mets dans la machine à laver, à la chaleur maximum, les vêtements pratiques utilisés avant de revêtir à chaque service mon uniforme, tout le linge touché pendant le stage et prends une longue douche pour me laver des souillures de ce sale boulot.

Et pourtant j'en regrette aussi la fin, désirant connaître les suites du mouvement, revoir celles – détenues et surveillantes – avec lesquelles j'ai établi une complicité ou eu pour elles de la sympathie. Je ressens surtout un grand vide, auquel fait écho, par comparaison, le monde extérieur. En effet, aussi étrange que cela puisse paraître, la prison est un lieu saturé de relations. Ce sont elles qui tiennent la prison, en constituent les murs, sont la condition de sa pérennité. Le travail des surveillants est un face à face avec les détenus tout au long du service au cours duquel ils consacrent beaucoup d'énergie à les calmer, éviter les désordres et la tension qu'engendre la privation de liberté. Tous les sentiments y sont vécus, retenus ou exprimés, avec une très forte intensité : colère, pitié, agacement, dégoût ou répulsion, sympathie, peurs diverses… Il en est de même avec les attitudes : méfiance, confiance, sollicitude, énervement, patience, cris, invectives… S'agissant d'un lieu quasiment autarcique, bien qu'une multitude de personnes y entrent et en sortent, on y croise, sollicite ou discute avec des représentants de tous les corps de métiers, auxquels on demande conseil, aide, etc.… Mais, pourtant, chacun, dans cet espace de vie et de travail, envers de l'espace public, parce que lieu clos, et, quel que soit le métier, est en permanence sous le regard souvent peu amène, plein de suspicion et de préjugés mutuels des autres, effet de l'imaginaire lié à la toute-puissance de l'impératif de la sécurité, qu'il s'agisse des professionnels ou des détenues.

Le stage terminé, nous retournons à l'ENAP en rendre compte aux formateurs et à sa direction. La narration de nos impressions et de ce que nous avons vécu suscite de l'étonnement et peut-être de la déception, parce que tout ce que nous rapportons est totalement identique à ce que disent les surveillants au retour de leurs stages. Rien de sociologique. Du moins avons-nous réussi à endosser notre uniforme comme les autres.

Et pour terminer

La prison montre à travers le travail quotidien des surveillants à quel point la sécurité est liberticide. Elle porte atteinte en effet ce qu'il y a de plus fondamental dans la liberté humaine : la liberté morale. En voulant travailler simplement selon les préceptes de la morale ordinaire nous ne pouvions que saboter le travail. Chaque fois que j'ai voulu, dans le peu de temps mort dont peuvent disposer les surveillants, tenter d'aider une détenue, selon mes moyens, je suis allée après me justifier, le regard courroucé de telle gradée, la surveillance des surveillantes, m'y obligeant, alors que je tentais seulement de bien faire mon travail. Je me suis même justifiée auprès de détenues compte tenu de la surveillance de tous par tous. La règle selon laquelle les surveillants doivent garder une certaine distance vis-à-vis des détenus, certes doit prévenir la corruption et ses conséquences – par exemple si la proximité avec un détenu conduit le surveillant à aider celui-ci à s'évader – mais, dans sa dimension sécuritaire, elle s'avère aussi immorale. Il ne suffit pas en effet de dire que les surveillants ne sont pas formés à la distance construite par les professionnels de la psychologie ; ils parviennent peu ou prou à la construire avec l'expérience. Ils admettent qu'au fond il y a quelque chose d'irréductiblement moche dans ce boulot. La sécurité, dans ses multiples intrusions jusque dans le plus privé de la personne, interdites par la morale et les mœurs ordinaires, malgré tous les efforts imaginés pour la banaliser et la rendre acceptable, atteint quelque chose au plus intime de la conscience morale, une convention essentiellement privée. Il est immoral et contraire aux mœurs admises de regarder par les trous de serrure, d'écouter aux portes à l'insu d'autrui, de fouiller dans ses affaires, de lire son courrier ou son journal intime, et bien sûr de le fouiller à corps… Si les détenues subissent, de par la force de la loi, des intrusions immorales, les surveillantes elles, les exécutent par choix (du métier, de la sécurité d'emploi). Les détenues peuvent se débarrasser de cette immoralité en la renvoyant à la prison, ce qui n'est pas le cas des pénitentiaires, même s'ils ne sont que des exécutants. Ils cherchent à se protéger de cette atteinte de multiples façons, parfois avec des effets destructeurs sur leur personne. Une surveillante et un surveillant diront que « le travail est destructeur pour tout le monde », « déshumanisant pour tout le monde ». Ce n'est pas un hasard s'ils disent souvent qu'il faut dans ce métier rester soi-même avant tout. Et ils déploient différentes stratégies dans ce but. Ils n'y parviennent pas tous et sinon à des degrés divers – ce qui ressort de leurs fréquentes allusions au fait que leur entourage, familial surtout, leur dit que, depuis qu'ils font ce travail, ils ont beaucoup changé, étant devenus durs, intolérants, autoritaires, irascibles, violents… –. Il faut ajouter que le regard dépréciateur de la société sur leur métier aggrave la difficulté de leurs efforts en ce sens, leur renvoyant sans cesse l'image négative de leur sale boulot, tout en les isolant de celle-ci ou en les amenant à restreindre le cercle de leurs relations, ceci contribuant à installer l'aliénation par rapport à eux-mêmes à laquelle ils tentent d'échapper.

Bibliographie sélective

Arendt H., *La crise de la culture*, Paris, Gallimard, 1972.

Hughs E. C., *Good People and Dirty Work, The Sociological Eye*, Chicago, Aldine, Atherton, 1971.I.

Table des matières

Structures éditoriales du groupe L'Harmattan

L'Harmattan Italie
Via degli Artisti, 15
10124 Torino
harmattan.italia@gmail.com

L'Harmattan Hongrie
Kossuth l. u. 14-16.
1053 Budapest
harmattan@harmattan.hu

L'Harmattan Sénégal
10 VDN en face Mermoz
BP 45034 Dakar-Fann
senharmattan@gmail.com

L'Harmattan Cameroun
TSINGA/FECAFOOT
BP 11486 Yaoundé
inkoukam@gmail.com

L'Harmattan Burkina Faso
Achille Somé – tengnule@hotmail.fr

L'Harmattan Guinée
Almamya, rue KA 028 OKB Agency
BP 3470 Conakry
harmattanguinee@yahoo.fr

L'Harmattan RDC
185, avenue Nyangwe
Commune de Lingwala – Kinshasa
matangilamusadila@yahoo.fr

L'Harmattan Congo
219, avenue Nelson Mandela
BP 2874 Brazzaville
harmattan.congo@yahoo.fr

L'Harmattan Mali
ACI 2000 - Immeuble Mgr Jean Marie Cisse
Bureau 10
BP 145 Bamako-Mali
mali@harmattan.fr

L'Harmattan Togo
Djidjole – Lomé
Maison Amela
face EPP BATOME
ddamela@aol.com

L'Harmattan Côte d'Ivoire
Résidence Karl – Cité des Arts
Abidjan-Cocody
03 BP 1588 Abidjan
espace_harmattan.ci@hotmail.fr

Nos librairies en France

Librairie internationale
16, rue des Écoles
75005 Paris
librairie.internationale@harmattan.fr
01 40 46 79 11
www.librairieharmattan.com

Librairie des savoirs
21, rue des Écoles
75005 Paris
librairie.sh@harmattan.fr
01 46 34 13 71
www.librairieharmattansh.com

Librairie Le Lucernaire
53, rue Notre-Dame-des-Champs
75006 Paris
librairie@lucernaire.fr
01 42 22 67 13

www.ingramcontent.com/pod-product-compliance
Lightning Source LLC
LaVergne TN
LVHW010023081026
849535LV00016B/3123
* 9 7 8 2 1 4 0 3 4 6 6 2 0 *